個からの出発
ある在日の歩み

地域社会の当事者として

崔 勝久
Choi Seoungkoo

風媒社

個からの出発　ある在日の歩み—地域社会の当事者として—／目次

序　この本を手にしてくださった皆さんへ

自己紹介

今年（二〇二〇年）の一二月の誕生日で満七五歳になる私は、日韓／韓日反核平和連帯の事務局長として二〇一一年三月一一日の東日本大震災を体験して以降、原子力発電（原発）反対の活動をしています。おそらく読者の多くは崔勝久《チェスング》という名前を初めてお知りになったでしょう。

私は昭和二〇年（一九四五）、日本の敗戦の年の一二月四日（登記上は五日）に大阪で生まれた在日韓国人二世です。朝鮮が日本の植民地だったその当時、日本に住んでいた朝鮮人は約二〇〇万人近くいたといわれていますが、私の両親も戦前に日本に渡ってきました。母は韓国の大邱《テグ》、父は朝鮮民主主義人民共和国、いわゆる北朝鮮の信川《シンチョン》出身です。私たちは日本に残った在日（Koreans in Japan）一家です。（北朝鮮は私の本では「朝鮮」と表記します。また「在日」を在日韓国人、在日朝鮮人の総称として用います。）

父は一一歳の時に一人で朝鮮から日本に渡って来ました。母は大家族と一緒に大阪に住んでいたのですが、私を妊娠したため、戦後、大邱に引き上げずに日本に残ったのです。

今は両親とも亡くなり、この本を書き始めてから私は、母が戦時中に住んでいた大阪の川辺《かわなべ》という淀川土手に接する集落を訪ねました。そして父の遺骨を持って一昨年の九月に平壌に行き、そこから戸籍に書かれた父の故郷の信川の所在地を探し当て、田んぼの中のちょっとした丘の木の傍で一人散骨をしてきました。

人は自分の意志で生まれてくることを選べません。私にとって在日であることは、自分は何者か、どう生きればいいのかを考え、自分の生きざまを正面から見据える根幹なのです。

この本の構成

この本は三部構成になっています。第一部の「在日のアイデンティティを求めた歩み」で私はファミリーストーリーからはじめて、二〇代から三〇代くらいまで在日として何を模索しどのように生きてきたのかを記しました。神奈川県川崎市での地域活動、さまざまな民族差別との闘い、そして在日の戦後史において特筆すべき二つの事件、国籍を理由にした就職差別に果敢に挑んだ朴鐘碩《パクチョンソク》の「日立闘争」（一九七四年）と、外国籍の管理職を認めない東京都を訴えた（一九九四年）鄭香均《チョンヒャンギュン》についてです。

私にとってアイデンティティの模索とは、在日としての悩みの中から現実の民族差別と闘うことでした。行政に国籍条項撤廃を求めた地域活動は結果として私たちの求めていたものとまったく異なる内容に変質し、その後の市民運動と行政が一体となった多文化共生政策につながりました。

第二部は、文字通り私がどのようにして生活の糧を得てきたのか、その過程、経験を記しました。

そして第三部では、在日外国人の人権の実現の道筋と「共生の街」を謳う川崎市の実態に触れ、外国人を日本社会に必要な労働力としながら地域社会の和合（治安）を求める多文化共生とは、二一世紀の新植民地主義のイデオロギーではないかという問題提起をしました。それは原発を支えるイデオロギーでもあります。

私たちが起こした福島第一原発事故における原発メーカーの責任を問う、世界で初めての訴訟は、地域活動を通して法律より人権の重さを学んだ在日が、日本の仲間に呼びかけ提起したものです。私たちは原発メーカー訴訟の原告を世界各地から集めながら、日韓／韓日反核平和連帯という国際連帯運動を通して東洋の平和に貢献する運動をはじめました。

二人の在日との出会い

私が在日の歴史において後世に至るまで語り継がねばならないと考える二人の人物は、先に記した朴鐘碩と鄭香均です。これまで誰もが当たり前のこととして黙認してきた在日の就職差別に対して、二人が当事者としてはじめて裁判に訴えるという行動を起こしたからです。

朴鐘碩の訴えに対する横浜地裁の判決は日立の民族差別による解雇を認めたもので、朴鐘碩の完全勝利でした（一九七四年六月一九日）。「裁判は在日韓国人の権利意識を高め、その後の全国的な民族差別撤廃運動につながって」（二〇一一年五月一一日　民団新聞）いきました。国籍を理由にした解雇は許されないという判決に対して日立は控訴を断念しました。この日立の民族差別による解雇の不当性を認めた判決は、日本社会において大きな意味を持つことになるでしょう。

一方、鄭香均は日立闘争の当時、川崎南部の病院に勤める看護師でした。彼女は東京都の公務員試験を受けて外国人公務員第一号として長年勤務したのですが、課長職の試験は国籍条項がなかったにもかかわらず、韓国籍を理由に受けることができませんでした。そこで彼女は憲法の職業選択の自由を根拠にして、東京都知事を相手に裁判を起こしました（一九九四年）。

この裁判の最大の焦点は、「公権力の行使」と「公の意思形成」の職務は日本国籍者に限るとする、一九五三年三月二五日のサンフランシスコ講和条約後の独立に際して出された日本政府の見解である「当然の法理」の妥当性でした。この見解の可否に対してマスコミをはじめ全国の地方自治体、市民運動グループは、海外においては外国籍者が地方公務員に就く例が増えてきており（近藤敦『外国人の人権と市民権』）、高裁で勝利した鄭香均の闘いに最高裁がどのような最終判決を下すか注目しました。

しかしながら最高裁の判決は、東京都の措置は「当然の法理」に基づく「合理的な理由」があるとして、鄭香均は敗訴しました。本書ではその「当然の法理」とはいかなるものかを論じています。

「多文化共生」批判──在日の思想の定立をめざして

この本の第三部の評論は民族のアイデンティティを求めてきた私が、昨今流行語のようになっている「多文化共生」をどのように批判的に捉えるようになったのかを記しました。これは在日の思想の定立をめざしたものです。

「多文化共生」とはつきつめてみると、外国人労働者の確保と地域社会の治安のために国家の統治上必要なものとして出されてきたスローガンであり、植民地のない二一世紀の新たな植民地主義イデオロギー（西川長夫）なのではないかと私は考えるようになりました。

この二一世紀の新植民地主義が人類の破滅をもたらす核兵器と原子力発電を生み出す原発体制を生み出しました。新植民地主義体制においては「多文化共生」と原発体制とは表裏一体になっているのです。

私は在日の人権の実現は地域社会の変革と関わることを指摘し、外国人施策では全国で最も先鋭的である川崎市の問題点をとりあげました。また地域の問題から見えてきた原発メーカーの責任を問う訴訟の提起を通して、反原発運動は核兵器と原発をなくしていく国際連帯運動として展開されなければならないというメッセージを伝えています。

各地において今後外国人住民はますます増えるでしょう。地方自治体と国はその対応を余儀なくされます。七〇年代の川崎で、私たち在日と日本人との共闘による民族差別撤廃を求めた地域活動がどのようになされ、国際的な支援を得るようになったのか、開かれた地域社会と国民国家のあり方を求める日韓両市民を念頭に置き、この本を出版することにしました。読者の皆さんからの率直なご意見ご批判を通して、対話による相互理解を深めていきたいと願います。

第1部◇在日のアイデンティティを求めて

はじめに

かつて「歴史の非条理」という言葉を遺言として日本社会を告発し焼身自殺した、ある在日朝鮮人のクリスチャン青年がいました。「人騒がせなことをして申し訳ありません。しかし、これは、被植民地支配下の異民族の末えいとして、この国の社会の最底辺で二五年間うごめき続けてきた者の、現代日本に対するささやかな抗議でもあります。」（山村政明「抗議・嘆願書―とりわけ早大二文当局およびすべての二文学友に訴える」（一九七〇・一〇・五）。

自らの死を賭して語った「歴史の非条理」、「ささやかな抗議」、この言葉には個を抑圧している具体的な日本社会に対する激しい怒りがこもっています。日本社会批判の言葉です。気のきいた幾ばくかの提言で「歴史の非条理」が解決されていくはずがありません。しかし私は、この抗議の声を未来への希望を私たちに託したものと受けとめます。私は歴史社会の矛盾のただ中で生きながらその矛盾の克服を望み、たとえわずかでもその止揚の過程に参与していきたいと願うのです。では歴史を変革する主体は誰であるのか。「歴史の非条理」の中で現実に翻弄され生きる無名の民衆こそ、歴史の変革の主体であると私は考えます。

私は日本の植民地支配の徹底した清算こそは、日本が戦後新たにアジアの平和の構築に寄与し、自らが開かれた社会になっていくための必要不可欠な歴史的責務であると考えてきました。

しかし残念ながら日本はそのような責務を果たす社会にはなってきませんでした。

この異国にあって、私たちの親は黙々と必死になって家族を支えるために生きてきました。そして私たちは今同じ道を歩みつつも、自分の生きる地域社会においてより人間らしく生きたいと願っているのです。ここではそのような在日朝鮮人の一人として、七〇年代の川崎を中心にして、自分自身の歩みとその中から見えてきたことを記そうと思います。

第一章　私の生い立ちとファミリー・ヒストリー

私は一九四五年一二月、日本の敗戦の年に大阪で生まれました。母はまだ十代の若さでした。父は戦前から職人を雇って作った靴を売りさばき、戦後、母は小さなカレーの専門店を難波ではじめ、それが評判になり、一九五五年には心斎橋の一等地で店を構えるようになりました。父が決めてきた商売を実際にやり続けたのは母であり、レストランやパチンコ、ジャズライブの店を経営するようになりました。私たち家族は道頓堀が目の前で、心斎橋と宗右衛門町が交差する角地の店舗の上に作った三階の家屋に住んでいました。順調であったはずのその店は所有権をめぐって今をときめく吉本興業との裁判に敗け、「断行命令」でそこから出ることになったのは私が中学三年生のときのことでした。

私は経済的には何ひとつ不自由のない環境の中で育ちました。活発で勉強のできる「いい子」でした。学校は公立の小中学校を出て大阪府立の高津高校に入り、中学のときからやっていたバスケットボールを続けていました。韓国籍であったために国体には出られませんでしたが、インターハイには二度、大阪代表で出場しました（私は補欠で試合には出ていません）。

高校二年生の時、大阪府立体育館で韓国代表の景福高校と大阪代表で対戦しました。名門・景福高校は強豪で、そのチームの中から後日、数人オリンピック選手が輩出されたほどです。私はどういうわけかいても立ってもいられず、ハーフタイムの時、一人で彼らの控室に行き、拙い英語で自分が在日であることを伝えました。大学生になった時、私のまたいとこの崔《チェ》鐘圭《ジョンギュウ》というバスケットの韓国オリンピック代表選手が来日したおりに、あの当時の景福高校の選手もまた日韓代表選手の試合に出場しており、彼の紹介で改めて紹介され握手をしたことがありました。懐かしい思い出です。

しかし私は高校を卒業するまで、人前では自分が朝鮮人であるということが言えず隠していました。親しくなった友人にだけ告白していたのです。しかし周りの友人は、みな私の出自を知っていたと思います。

母について

母が亡くなった後のことですが、私との母子関係を証明する書類が必要になりました。私は大阪の各区役所を回りましたが、どの区役所にも出生証明書はなく、結局母との親子関係が証明できませんでした。

戸籍上の本名と通称名の使い分けには、朝鮮半島の分断や韓国の登録制度の不備と在日の置かれた不安的な法的地位、そして何よりも差別社会の中で生きる在日の生活の知恵ともいえる自己防衛的な姿勢が反映されています。すべてとは言わずとも、圧倒的に多くの在日は通称名として日本名を使っているのは周知の事実でしょう。

弟（左）と私、4歳の頃。

知人の司法書士が訂正してくれたのですが、父の外国人登録証を取ると本名の漢字が一字違っていました。また私たち兄弟の韓国の戸籍上の母の名前は、どういうわけか叔母（母の妹）の名前になっていました。母は戦後の混乱の中で乳飲み子を抱えて小さな店をはじめ、読み書きも不十分なところで在日の立場から韓国と日本での出生届などの手続きを十分にできず、第三者に依頼せざるをえなかったのでしょう。その際に通称名として使っていた名前が本名として登録されたという当時の状況は理解できます。

私が生まれたのは昭和二〇年、日本の敗戦の年ですから、社会がまだ混乱しており区役所の体制も十分ではなかったと浪速区役所で聞きました。しかし、私の母と一緒にいた幼稚園のときからの記憶は定かであり、たとえ大阪の区役所で私たちの親子関係が証明されなくとも、あらゆる手段を講じて私たちの親子関係を主張し証明するつもりです。

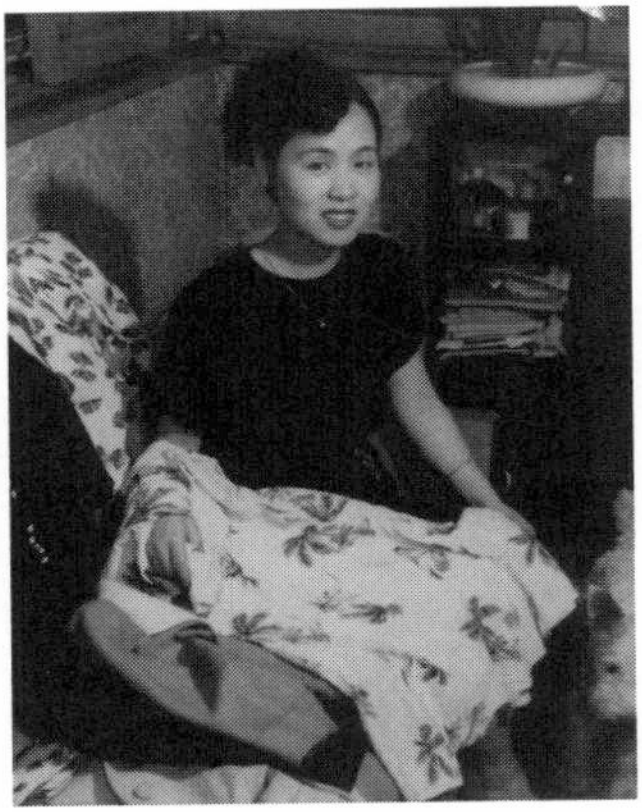
若い頃の母

母は私たち一家の没落で、愛人を囲う父に見切りをつけ、二人の息子を連れて家を出て行きたかったようです。しかし父は、息子は絶対に手放さないと言い張って裁判になったため、結局、私たち二人の息子は父と一緒に住むようになりました。
母は家を出ていき、その後も喫茶店を続けていました。そして帰化をして日本国籍を取得し、日本人男性と再婚して、地域社会で誰からも愛され親しまれる生活を送りました。私たちとの親子関係は途切れることなく、地域に溶けこみ人気者の彼女を私はたまに訪れるのですが、彼女は自慢げに「ボランティアばっかりやってますねん、長男です」と崔を名乗る活動家の私を紹介しました。
母は小学校の学校参観には必ず来てくれました。私の自慢のきれいな母親だったのです。彼女は私が小学校の生徒会長になり、大阪市全体の生徒会長の集まりで議長になったときのことを、いつでも昨日のことのように、「あんたは頭がようて話が上手やったさかい」と口癖のように話していました。

母のあの芯の強さ、したたかで決して他人の悪口は言わず他人を惹きつける如才のなさは、実は戦前、大邱から日本に渡ってきた大家族の生活環境の中で身につけたものであり、難波で父が決めてきた数々の商売を手がける中で磨かれたものなのでしょう。元気な母と過ごす機会が増え、彼女の振る舞いを間近に見て断片的な話を聞きながら、強くそのことを感じました。

その母とある年に大邱《テグ》に行きました。最初は彼女の妹たちに会う最後の機会と思い連れて行ったのですが、母が韓国語を聞き取り、簡単な日常会話ができることを初めて知りました。大家族の中で両親が韓国語で会話していたからなのでしょう。よく食べ、よく笑い、よく話していましたが、まだこれからも韓国に行く体力も気力もあるようでした。母の家族は、特に祖母をはじめ女性が長寿らしく、「お姉さんは百歳まで生きるわ」と妹たちから言われていました。いつまでも元気で長く生きてくれることを私は祈らずにいられませんでした。

母方の祖母とは、私が大学在学中に交流プログラムで訪韓したとき初めて会いました。母と同じく小柄で、髪をピッタリと後ろで束ね、チマ・チョゴリを着ていました。私が帰国するとき、釜山港まで見送りに来てくれたのですが、そのとき自分のことを「わてなあ」と大阪弁で話していたことが耳に残っています。

父について

父は一九一八年、朝鮮の黄海《ファンへ》道《ド》信川《シンチョン》文化面《ムンファミョン》で生まれました。いつもおしゃれで多くの女性から愛された父は寡黙でしたが押しの強さがあり、直感の鋭さと行動力を持っていました。そして涙もろく、それらは生来の性格に加え、広い交際範囲の中で培われてきたものだろうと思います。

両親と私。心斎橋のお店で

彼の父親の死後、母親と兄妹の五人で満洲の朝鮮人居住地・間島に行き、極貧の生活をしたそうです。父はそこで腸チフスにかかり隔離されていたとき、母親が何度もそっと様子を見に来たらしく、それを幼い父は、来るなと言ったじゃないかと怒鳴っても、母親はまた覗きに来たというのです。その話を私にするたびに父は涙を流していました。おそらくそのときに私の祖母は感染して亡くなったのだろうと思います。

間島での生活も母親の死によって家族は離散せざるをえなくなり、父は一度は信川の故郷にもどりながら、一一歳のとき一人で日本に渡ってきました。満洲でも、また日本においても学校に行く機会はなく、朝鮮語と日本語の読み書きは十分でなくとも持ち前のバイタリティ（生活力）で、戦前は靴の製造販売をやりながら、戦後は母にカレーの専門店をさせました。それを手がかりにして、ついには大阪の一等地で大きなジャズライブの店など数々の新しい商売をはじめました。

父は戦前から日本のボクシングファンの間で人気のあったフィリピン人選手ベビー・ゴステロをスカウトし、「オール拳」というボクシングジムのオーナーとなりました。そして一九四七年には、戦後最初の日本チャンピオン決定戦で六階級のうち二名のチャンピオンを出しました（城島充『拳の漂流―「神様」と呼ばれた男　ベビー・ゴステロの生涯』二〇〇三年、講談社）。父がベビー・ゴステロと日本初の世界チャンピオン白井義雄を連れ、占領下の一九五一年に渡米したときのことは、おぼろげながら記憶にあります。

力道山と私

テレビが普及しはじめたころ一世を風靡したプロレスラーの力道山と父は、同郷のよしみから相撲力士時代から彼の死に至るまで兄弟付き合いをしていました。力道山の本名は金信洛《キムシルラク》といい、朝鮮出身の在日でした。戦後の大衆社会の到来とともに、日本社会から疎外されていた在日は芸能界やスポーツ界で活躍しはじめていたのですが、父はそういう在日とよく交流をしていたようです。外車のオープンカーを乗り回していたのもそのころです。

ただただ成功の野望を持ち続けた父は長男の私を溺愛し、私は一度も叱られたり叩かれた記憶がありません。しかし、ついに私の家族に破局が来ました。

父が作った不法ビル

一九六〇年私が中学三年のとき、私たち家族は大阪心斎橋の一等地から出ていくことになりました。母はある日、父と別れるいい機会と思ったのでしょう、弟を連れて引っ越し先から出ていきました。しかしその後裁判になり弟も父が引き取ったのですが、私と父が二人で暮らしていた頃の話です。私が中学校から帰ると家には誰もおらず、隣のおばさんが、「あんたとこ、トラックいっぱい来て難波球場の近くに引っ越したみたいやで」と言いました。とりあえず難波球場の方に行ってみると、その近くの路上で父がいつものポーズで髭を剃りながら、多くの人たちに引っ越しの指示をしていました。二階建の瀟洒な家でした。

その家を父が一〇年ほどの間に地下一階、地上八階のビルに増築して読売新聞やＮＨＫで不法建築と大きく報道されたことがありました。父は建築士を入れず、鉄骨やセメントを買い求めて釜ヶ崎から多くの人夫を雇い入れ、自分で彼らに仕事の指示をして日曜も正月もなく働かせ、とにもかくにもそんなビルを建ててしまったのです。そのビルにボクシングジムを入れ、テレビ中継されたこともありました。

父が作った不法ビルでしたが、そのビルのやり繰りは叔母夫婦がやることになり私たち兄弟と一緒に住みました。父は最上階のボクシングジムで寝袋で寝泊まりをしていました。そんな家庭の混乱の中にあっても、私と弟の二人が何ら経済的に困ることなくそれまで通り学校生活ができたのは、叔母たちのおかげでした。

叔母は母の妹で、戦後母の家族が全員祖国に帰る中で、そのときお腹に私を宿していた姉の面倒を見るようにと、一緒に日本に残ったのです。お店のことが忙しい母に代わり、実際に私をかわいがり世話をしてくれたのはその叔母夫婦です。しかしそのうち、ビルの権利をめぐって、父と叔母夫婦との争いになりました。私の最も恐れていた事態でした。叔母夫婦は私たちのためだと言ってその家を出ていきました。それは高校生活の最後の時、一九六三年のことでした。

周りの同胞からは成功者と見られながら、吉本興行との裁判で負けて大阪の一等地から立ち退きを余儀なくされ、妻にも逃げられ、有名な女優であった愛人とも切れた父はキューバの革命を称えカストロ帽を被りながら、北朝鮮に帰ろう、カネでもめることのない所へ行こうと言い出しました。彼にとっては最も苦しい試練のときであったに違いありません。

一人でさびしかったのでしょう、父は若い、彼に同情的な日本の女性と同棲をするようになりました。叔父たちが私たち兄弟のことを考え家から出るようになると、正式な結婚をして今度は私たちと一緒に住むようになりました。

若い義母は私たち兄弟に良くしてくれました。しかし父は結局彼女を追い出しました。別れた妻であり、父から逃げて日本人と結婚した最初の妻、私たちの母のことが忘れられなかったのです。「なるべくはよう別れて、お前たちの母親に帰って来てもらうのが一番ええのや」と、二番目の妻や私たちに言っていましたが、それは父の一方的な思い込みで、再婚していた母は戻るはずもなかったのです。

彼の別れた妻への思いは強く、どこで聞きつけたのか私が大学を卒業し結婚後、韓国に留学をしていたとき、母と一緒に大邱に行くことを知り、大邱までついて来たことがありました。元妻の家族は昔の大阪時代、自分が彼らの家によく通っていたから自分に味方し協力してくれると思いこんだのでしょう。最後のチャンスと思ったに違いありません。母の家族は当惑しながらも父を迎えたのですが、結局、事態は変わるはずがありませんでした。母が断固、拒否したのです。

その後私たちはソウルに行ったのですが、ホテルで母親と私の二人きりになったとき、私は母に父のことを申し訳なかったと謝りました。母は泣き出し、私の手を取り、「そんなことないよ」と言いながら私を抱きしめました。母はその後もわたしの手を取って、「これからも一緒に生きていこうな」と言っていたことが記憶に残っています。

母は自宅の浴槽で脳梗塞で倒れ、即死の状態で永眠しました。二〇一九年二月のことです。享年九二歳でした。

父との暮らし

母は優しくかぼそい声で歌っていた記憶がありますし、彼女の妹で私をかわいがってくれていた叔母も同じような声で歌の上手な人でしたが、私は父が歌を歌っているのを聞いたことがないのです。

私は父がいつ頃から教会生活をしていたのかわからないのですが、おそらく北朝鮮の信川か満洲の間島にいた頃日曜学校に通っていたのでしょう。大日本帝国の植民地下の朝鮮、特に北朝鮮には教会がたくさんあったからです。

大阪の在日大韓基督教会西成教会の金元治《キムウォンチ》牧師とは戦前の教会青年会から一緒で、父は西成教会の会員でした。金牧師は父の性格を知り尽くし、父が無茶なことを言い張り私と揉めることがあると、「スング（勝久）、我慢しいや。我慢してたら、そのうち会長の怒りがおさまるんやから」と私をたしなめてくれるのです。私は金牧師が涙して父の暴言を黙って聞いているのを目撃したことがあります。しかし父は私が東京の大学から休みで大阪に帰ってくると必ず自転車で難波の家から金牧師の牧会する西成教会に私を連れていきました。

父は東京の大学にいる私が卒業したら大阪に帰ってきて自分の事業を手伝ってくれることを願っていたのでしょう。しかしそういうことを口にする人ではありませんでした。彼は自分で作った不法ビルの増強、補強にかかりきりでした。そのビルにはプロレスの切符売り場や金融業者、占いをする人、経営学校などが入っていたので毎月の家賃収入がありました。

専門家が設計・管理したわけでもない不法建築の家でしたが、阪神大震災のときにも素人の造った継ぎ足し継ぎ足しのビルはびくともしませんでした。真偽のほどは定かではありませんが、両隣の家主がビルを建てた時、うちのビルが倒れないように自分の土地をより深く掘り、基礎を強化したので、それで大丈夫だったと聞いたことがあります。

父は心斎橋を出ていつごろからか高級外車を乗るのをやめ、自転車を愛用していました。目一杯ボリュームを上げたラジオを聴きながら自転車を走らせるのです。毎朝、それで釜ヶ崎に行っては自分の洋服を買うものですから、釜ヶ崎の店主は父が古着を転売する商売をしていると思っていたようです。ビルで占いをする中年の女性は毎日、父が買ってきた洋服を父に合うように縫製し直していました。父は家で食事することはなく、毎晩ビアホールで音楽を聴きながら食事をしていました。難波界隈では「ナンバの斉藤会長」として知られた男でした。

ボクシングジムは実質的には廃業していたのですが、街のヤクザにもオールボクシングジムの元練習生が多く「斉藤会長」に一目置くのです。しかし父はヤクザとのつきあいは利用されるからしてはいけないと強く私に言っていました。父はとにもかくにも毎日のように釜ヶ崎の労働者を連れてきては不法ビルの増築工事に勤しんでいました。

隣人との境界をめぐっての争いが続き裁判沙汰になりましたが、父は弁護士を雇わず、裁判関係の書類は釜ヶ崎から連れてきた学識のある労働者に読ませ、自分の主張を語り聞かせて準備書面を作り裁判を続けていました。

学歴もなく学校にも行ったことのない父でしたが、好奇心が強く、私が在日大韓基督教会青年会の修養会で聖書学者の田川建三さんを講師にお願いしたとき父も参加し、休み時間に田川さんに自分のわからないことを質問していました。新聞も読まない人でしたが、ラジオでいつも誰かの講演を聞いていました。そして早朝、クリスチャン・センターでの朝食会には毎週参加するのです。

私がビジネスの関係でソウルである会合を企画したとき、それに参加した父は夜のクラブでの二次会で見事なジルバを踊っていたものですから、私の父とも知らない参加した女性たちが、「あの人は誰やの」とささやきあっていたのを思い出します。

そのうち、父は私も弟も知らないうちにまた再婚するといい出し、父に関心を寄せる、私と同い年の韓国から来た女性と金元治牧師の司式で結婚式をあげました。二回目の結婚式の披露宴のときには、大阪市長、力道山や歌手の小畑実や野球選手など有名人がたくさん集まっていましたが、三回目のときは私たち兄弟だけでした。彼女は家のやりくりをすべてし、父の老後最後まで面倒を見てくれたのですが、彼女は父が亡くなって私たちと遺産のことでもめるのはいやだから父の元気なうちに離婚をするので慰謝料がほしいと言い出し、一億円のお金を要求しました。しかしその金額は、ビルが難波の高島屋の近くの一等地ですから当時の土地の価格からしてもそれほど無茶な要求ではなかったのです。

それまで父は私がやっていたビジネスには一切タッチせず、子どもたちにも自分の財産に手を出させなかったのですが、このときには父名義の自社ビルと土地を担保に提供することに合意してくれ、私は川崎の銀行と交渉しました。バブル期だったからでしょう、借り入れ目的が父の慰謝料と聞き銀行は驚いていましたが、私の境遇を理解してくれ私の会社の事業費の名目でお金を貸してくれました。

この銀行との交渉のときに私は一八歳くらいになった長男を連れていきました。彼はどういうわけか、祖父が川崎まで来て銀行に担保提供の手続きの書類に署名をしたとき、涙を流していました。長男はハラボジ（祖父）とそんなに頻繁に会っていたわけではないのですが、性格も振る舞いも祖父によく似ています。後日私たちが長男の住む香港に行ったとき、彼の部屋にはハラボジの写真が飾ってありました。父もそのような孫をかわいく思っていたようです。

父は一九九五年一月五日、肺機能の低下が原因で永眠しました。享年七七歳でした。

私の大学入学

父がまた私たちの部屋の工事を始めたこともあり、大学受験を前に私は家を出て何ヵ月も友人のところを転々とするようになりました。

どういうきっかけでそうなったのか記憶はないのですが、私は大学の願書はそれまで一度も使ったことのない、全く聞きかじりで知った「チェ・スング（崔勝久）」という本名で出してくれと担任に申し出ました。ひょっとしたら中学三年の時、外国人だから高校入試の願書を出すにあたって外国人登録済証明書を取ってこいと突然言われ、職員室で泣き出した記憶があったからかも知れません。

私はわけもなく早稲田大学政治経済学部に入って政治家になるんだと、そんなことはありうるはずもないということを知りつつ言いふらしていました。それは私自身が、自分が朝鮮人であるということを受けとめられず、将来どう生きればいいのかわからない不安をかき消すための強がりだったのでしょう。大学受験は当然のように失敗しました。

一浪してのぞんだ受験では、現役の時には受けようとも思わなかった私立大学にさえ入ることができず、何のあてもないのにアメリカへ行こうと思いました。日本から逃げ出したかったのです。英語を勉強しアメリカの大学の入学許可を取得しても、経済的な状況から所詮行けそうにないことがはっきりしてきた年末から、私はまた受験勉強を始めました。

そうして一九六六年、日本では最もアメリカの大学らしい雰囲気だというので東京のＩＣＵ（国際基督教大学）に入りました。大学では私は「サイ」（崔）君で通っていました。学籍などの登録はすべて「チェ」だったのですが、私は「サイ」の方がみんな呼びやすいだろうと言いわけしながら、自分のことをサイと言っていたのです。

その後、川崎の在日大韓基督教会に通いはじめた時、オモニ（韓国語で「母」の意）とは何のことかと周りの人に尋ね驚かせたことがありました。私の家族の生活はすべて朝鮮人であることを隠すことによって成り立っていたのです。家の中には朝鮮らしさを感じさせるものは何もありませんでした。

第二章　民族の主体性を求めて

教会との出会い

寮生活をしながらＩＣＵの雰囲気に浸りきっていた私が、民族という逃れようとしても逃れられず、心の中で解決されないまま残っていた問題と正面切ってぶつかっていくようになったのは、一九六六年、大学一年生の夏の在日大韓基督教会青年会全国修養会に出るようになってからです。韓国籍でありながら日本語しかできず、実態としては日本人と何も変わらない私は、自分が何者かを模索するアイデンティティの危機にさらされていました。

修養会参加は父が強く私に勧めてくれたものです。私にとっては驚きでした。百名以上の在日同胞が集まっているところに参加するのもはじめてでしたし、彼らはクリスチャンということで私の抱いていた堅苦しいインテリのイメージとは違い、とても頼もしく思えました。そして修養会の後、私は川崎にある在日大韓基督教会川崎教会に通うようになりました。そこでの故李仁夏《イインハ》牧師の説教は、韓国語の後で日本語に翻訳してくれていました。何よりも若い人が多く良い先輩にも恵まれ、私はここに来ようと決心しました。

在日のアイデンティティについて

しかし本名を名のり同胞の交わりの中に身を置いても、私の心のモヤモヤは晴れませんでした。当時教会の機関紙でこういうことを書いています。

韓国人としてのアイデンティティを持つのに本名を名のればそれでいいというものではない。それは一種の習慣だからである。僕は本名を名のり、朝鮮人の友人と交わるようになっても、まだ自分が何者かはっきりしなかった。在日朝鮮人とは一体何者なのか、日本人と僕達のどこが違うというのか、徹夜をして話し合ったこともある。違いを見つけて自分の朝鮮人であることを「客観的」にはっきりさせたかったのだと思う。本名のままで帰化をしようと考えたこともある。国籍とは単なる符号にすぎないと「合理的」に解釈しようとしたのである。しかし、それはやはり逃避であった。僕は朝鮮人であることの内実を求めた。すなわち、朝鮮人を朝鮮人たらしめるものは何なのかと。私がようやく得た答え、それは歴史ということであった。

在日朝鮮人にとって民族主体性とは何か、アイデンティティ（帰属性）をどこに求めればいいのかということに私は悩み続けました。それは自分が何者でどう生きればいいのかわからなかったからです。私は自分が在日朝鮮人であることに固執しました。自分自身の悩みに正面から向き合おうとしたのです。そうして自分のように朝鮮人である事実をいまわしく思い、その事実をあるがまま受けいれられないのは、実は、私ひとりの問題ではなく、私の意識そのものが朝鮮人を差別してきた過去からの歴史と日本社会の実情を反映しているからだと理解しはじめました。

私は川崎教会から全国の在日大韓基督教会青年会で活動するようになり、日立闘争に関わりながら、私たちが人間らしく生きるには、差別し同化を強いるこの日本社会を告発しなければならない、本名で日本社会に入っていき変革しなければならないのだと主張しはじめました。私には教会を含め既成の民族団体は、位置付けとしては本国の民主化・統一によって在日朝鮮人も解放されるのだといいながら、在日同胞の受けている差別の現実と取り組もうとしていないと思えたのです。私はキリスト教信仰の中に自分の生き方を見出そうとしました。教会学校のクリスマス劇の中で、日本人になりたいという娘に対してオモニの口を通して次のような台詞を言わせています。

パカタレ！　母さんはカッコウ（学校）いってないんで偉い知識ないけど、自分は何者かということ、よう知っとるよ。お前たちは朝鮮人なんだよ。神様は朝鮮人を朝鮮人としてつくられたんだよ。タカラ、朝鮮人であることを嫌がるのは自分を憎むことなんだよ。人間はな、差別をする人も、差別に負ける人も、差別をタマッテ（黙）って見ている人もみんな罪人で神様から離れとるんだよ。

この台詞のあとでオモニは小さい船で釜山から密航してきたときのこと、これまでその密航がばれて捕まらないかと、どんなに必死になってお前たちのために生きてきたのかということを娘たちに切々と語って聞かせるのです。これは教会の子どもたちに実際の彼らのオモニの歴史を知らせることでもありました。

私は同化された自己を歴史的存在として捉え、もはや逃げることなく、積極的に現実社会に関わろうとしました。民族の歴史を知り、在日同胞の置かれている状況がわかるにつれ、このような社会は変革されなければならないと強く思うようになったのです。旧約聖書にある出エジプト記のモーセを読み、エジプト王室に育ちながら同胞の悲惨な現実に触れ、躊躇、固辞しながらも神に導かれて同胞の解放を実現していくモーセの生き方に自分を重ねていきました。

大学闘争から教会青年会の活動へ

一九六七年（二二歳の時）のＩＣＵでの学園闘争において、能力開発研究所の適性検査（能研テスト）を入試の一部に採用することを大学が決定した問題をとりあげ大学を批判して変革していこうとする学生運動を目の当たりにしてきた私は、この世の権威、制度は絶対的なものではないということを思い知らされました。そしてその大学闘争との関わりから教会を中心にした青年会活動に比重を移していくことになります。

ＩＣＵでの本館封鎖のとき、学生と話し合おうとしない教授会に対して私はその本館前で一人、エレミヤ書の「偽わりの平和」を糺《ただ》す聖句を引用したパネルを立て、大学当局に抗議するハンストをしたことがありました。私のハンストに教授会は驚き、教授会の代表として学生の主催する集会に出て学生との対話ができる先生を送ることになりました。哲学者の川田《かわた》殖《しげる》さんです。川田さんは学生が集まる場に出てきて学生諸君の言い分をしっかりと受けとめたいと発言し、万雷の拍手を受けました。

川田さんはＩＣＵの卒業生でギリシャ哲学の研究者としてＩＣＵの教員になられたのです。私のいた学内のキャンパスにある寮にご家族でお住まいでした。私は彼の主宰する聖書研究会で一年間ルカ福音書を学びました。ハンストの後、しばらく川田さんのご自宅で療養させていただきました。私が悩む在日の生き方に直接言及されることはなかったのですが、人として物事に真摯に接する姿勢や信仰者としての生き方について私は聖書研究を通じて多くを学んだように思います。やさしく微笑みながら語られるのですが、聖研の最後の祈りの場では涙の中で発するその言葉の中にある信仰者としての強靭な精神力を私は何度も垣間見ました。

もうひとりＩＣＵで忘れられない先生は新約聖書学を専攻する田川建三さんです。彼は新進気鋭の聖書学者として学生の立場に立って教授会で発言し、最終的には大学当局から解雇されました。私は在日大韓基督教会の夏の修養会の講師を田川さんにお願いしました。新約聖書、特にマルコ書では世界的な研究者であることは知っていましたが、彼の書物は民主化闘争に関わり投獄された韓国の学生も読んでいたと聞いています。『原始キリスト教史の一断面』、『批判的主体の形成』、『歴史的類比の思想』、『イエスという男』は繰り返し読みました。キリスト教信仰を個人の魂の救いとする教義を強調するより、イエスの実際の生き様を通して社会の弱者への共鳴と社会の構造的な不義に立ち向かう、人としてのあり方を彼のマルコの注解書を通して聖書と照らし読みながら学びました。

田川さんは聖書に関する書籍としては、キリスト者でない一般の人の間でも鮮烈な文明批判の書として最もよく読まれるという多大な貢献をされたのですが、日本の教会は彼の教会批判を受け入れずそれを理由に放逐しました。彼の聖書学者としての世界的な水準での研究を評価せず、キリスト教関係の大学はどこも彼を受け入れなかったのです。しかし私は今でも何か岐路に立たされる時、田川さんならどう考えるだろうかと思うことがあります。

ＩＣＵは学生の九割が全共闘を支持するような大学で、私は闘争の最中に全共闘のリーダーたちと個人的に話し合いをしたことがありました。私は彼らに在日朝鮮人には選挙権がないこと、また当時の入管法の改悪の問題点など在日の状況を説明したのですが、彼らはまったく関心を示さず、私がいくら訴えてもそのことと今の大学闘争との関係について考えようともしませんでした。それで私は全共闘運動は支持するが、彼らとは今後運動を一緒にはやっていけないと内心思い、在日大韓基督教会の青年会に全力で関わるようになったのです。

七〇年代当時は、世界各地で変革を求める声が渦巻いていました。フランス、アメリカ、ベトナム、日本そして韓国において、学生が社会の不義に立ち上がった時代だったのです。私たちもまた「時代精神」（池明観）を体現していたのでしょう。

朴鐘碩との出会い──被害者意識としての民族意識

一九七一年のこと、私は『朝日新聞』の記事、「われら就職差別を背負って　ボクは新井か朴か」（同年一月一二日）を見て朴鐘碩《パクチョンソク》のことを知りました。彼は日本の学生の支援を受け、日立に訴訟（一九七〇年一二月八日）を起こしていたのです。私はすぐに彼の下宿を探し、会いに行きました。私は、日本名を使い日本人らしくなろうとした朴鐘碩の中に過ぎし日の自分を見ました。どうという展望があるわけでもなく、ただただ朝鮮人だからということで黙認されている民族差別の実態をあばき、差別と同化を強いる日本社会の構造を明らかにして変えていかなければならないという思いから、「朴君を囲む会」を提案し、積極的に彼を支援する日立就職差別闘争（以下、日立闘争）に参加していきました。私は朴鐘碩の訴訟を手がかりにしながら、在日朝鮮人としての生き方を語りはじめました。

ぼくが自分のことを在日朝鮮人であるというのは、この日本社会にあって抑圧され、差別され、虐げられている民の一人であるということであり、そこから必然的に人間性の回復と社会正義を求めて生きるということを言っているのである。自然のうちに育まれた「素朴な民族意識」はなく、かといって国是やイデオロギーを前提にした「国民意識としての民族意識」ももてず、日本社会の差別的、閉鎖的、排外主義的な実相を反映したところの「被害者意識としての民族意識」しかなかった私にとっては、何はともあれこの自らの被害者意識と闘い、その歪んだ意識を克服することに全力を傾けるしかなかった。

「差別社会の中でいかに生きるか―われわれの教会の反省と展望」
http://oklos-che.blogspot.com/2018/10/blog-post_22.html

「在日朝鮮人」であると叫ぶことは、同化され差別されてきた者の日本人社会に対する怒りと告発を中心にした、しかし己自身は日本人とも本国の人間とも違うと意識されてきた激情の発露であり、歪められた人間性を取り戻すための必要不可欠な作業であったのです。

しかし日本にあっても韓国教会の中で育ち、家庭の中で民族的なものに触れて生きてきた多くの教会の青年にとって、私の主張は我慢のならないものであったようです。特に、「朝鮮人として日本社会に入りこむ」ということは同化につながり、日立就職差別裁判は日本社会に逃げ込もうとする同胞の同化現象を更におし進めるものだと断定されました。私は民族反逆者、同化論者のラク印を押され、在日大韓基督教会の青年会代表委員をリコールされました。

私をリコールした青年会の中心人物であったC君は、その後、秘密裏に北朝鮮に渡り神学生として韓国に留学し学友を組織化しようとしたというスパイ容疑で逮捕されました。私の知る限り同世代の中では最も鋭い問題意識をもっていたC君は、私とは違う形で民族の解放を願い、その生き方を貫徹しようとしたのだと思います。

民族の主体性というのはあくまでも、祖国の統一や民主化の運動と一体化（連帯）していくことである——。このように民族団体は教会青年会のみならず、民団、総連を問わず、日常の足元の問題は民族運動にとって本質的なものではないという認識では一致しており、日立闘争に積極的に関わろうとはしませんでした。本名を偽り、何よりも愛知の現住所を本籍地にして自分を隠し日本の大企業に入りこもうとするような、同化され民族主体性がない青年に民族差別と騒ぎたて裁判にする資格があるのかと批判的に見ていたからです。

日立裁判は民族差別にもとづく就職差別を問題にした日本の裁判史上初めてのもので、日本社会の差別と同化の実態をあますことなくあばいていきました。私はリコール後もその裁判闘争に関わり、在日朝鮮人問題とは「日本人及び日本社会の問題」として深く受けとめられるべきであると各界に訴えかけました。私は運動の中で「在日朝鮮人に対する同化教育についての考察—解放後の大阪を中心に」という卒論を書きあげ、その卒論によって、在日朝鮮人問題の所在を明らかにするとともに、日本人化されてきた自分自身の歩みをきっちりと「清算」させたかったのです。卒論の結語は「在日朝鮮人の主体性」（結び）で終わっています。

われわれは、徹底して「在日朝鮮人」であることに固執する。その固執は、「在日朝鮮人」であることに開き直り対日本人との関係においてのみ朝鮮人であることを止揚していかんとする、朝鮮人としての「生き方」なのである。われわれは、目的意識的にナショナルなものに固執し続けるであろう。それはまた、歴史における人間「解放」への参与であることをわれわれは確信している。われわれのいう在日朝鮮人とは祖国につながり、普遍的歴史につながる質をもたなければならないのである。

私の中に日本人社会への告発だけではいけないという意識が芽生えていました。しかし在日朝鮮人への関心と差別と闘う実践が民族の歴史にあってどのような意味があるのか、そのつながりが私には見えなかったのです。私は卒論を書き上げ結婚をすると即、ことばを学びにソウルへ行きました。そして一年間の語学研修の予定を変え、朝鮮の歴史を本格的に勉強しようとソウル大学大学院の歴史学科に入りました。一九七二年、二七歳のことです。

本国との出会い

私は韓国でまず人間が様々なかたちで生きていることを発見しました。政治的立場のみをもって韓国を論評していたとき、そこには独裁者一派とそれと闘う人間しか見えなかったのです。ところがそこには泣き、笑い、飲み、食い、歌い、生活する人間がいました。ソウルでの生活も一年を過ぎてから私は友人に「[在日朝鮮人論]の止揚を」という、当時の上気した心情を吐露した手紙を送っています。

排外主義的・差別的日本社会の中で、自我のめざめとともに逃避的な生き方から朝鮮人であろうと歩みはじめた我々は、民族を高唱することによって、そして日本社会の不正を明らかにすることによって主体性が回復されていくのであろうか。民族の歴史を担うということは極めて政治的なことでありながら、実はそれを支える思想文化の地道な創造なくしてはあり得ないのであり、我々はとにもかくにもまず母国語を習得していくことから始めなければならないように、今私は思う。そのように考えると、在日朝鮮人がやらねばならないのに、民族の高唱のわりには全くなされてこなかったことにガク然とする。我々が祖国とつながるというのは、単に感傷やこちら側の独りよがりな主張によっては不可能なことである……。彼らとの真の対話を進めようとするには、我々在日朝鮮人の内実があまりになさすぎる。

植民地史観の克服について

留学した一九七二年は、朴正煕《パクチョンヒ》政権の末期でした。独裁と民主化運動の対立が伝えられていましたが、未だ学生の動きのなかったときです。

私はある意味で民族の本物を韓国で見ようとしていたのです。ところが私が見た韓国は、植民地支配の残滓からいまだ解放されていない状態でした。

一体、本物の民族とは何なのか。日帝の植民地支配からの解放による独立と、独立国家であることを全面的に打ち出した新たな国づくり、日帝時代の対日協力者の処分のないまま、いや彼らの登用によって進められた国づくり、そして南北の対立と戦争、軍人の独裁政治、日本の商社をまねて政府の肝いりで作られた一部の超大企業の勢力増大、一般民衆、スラム街、そして社会の変革を熱く願う学生たち。混乱する韓国社会の中で本物と呼べる「民族観」が存在するのか……。

韓国社会の中で民族の特性としてまことしやかに語られる、党派性や事大主義といった言葉や、勤勉さの欠如、まじめに働く意欲に欠ける労働者、まず民族性を直さなければという言葉などを何度耳にしたかわかりません。それは謙虚な自己反省ではなく、混迷する社会に対する失望であり、いかんともしがたい現実の中で生まれた自己卑下であり、為政者に対する揶揄のことばではなかったのでしょうか。

私は、それらは生来の民族性などではなく、歴史の産物なんだと叫びたい思いでした。植民地史観の克服は保守派の大統領から民主化を掲げる政権に変わっても簡単に解決できる問題ではないのです。私は、植民地史観がはびこる現実をまず直視することからはじまると思うのですが、それが実は容易なことでないのだと思わされました。

ソウル大学のある歴史学者が韓国史の授業の中で、今日の韓国の学会における最大の課題は「植民地主義民族観」、すなわち「歪められた民族観」の克服であるとして、長い日本の侵略の後、解放もつかの間、朝鮮戦争を経験し、アメリカ文化が押し寄せて多くの韓国人はそれをありがたがっている。しかし今の韓国の文化の水準は李朝時代にも及ばない。その克服の困難さと必要性を厳しく学生に説くのを聞き、私は何か新しい視点が与えられたように思いました。

私はその「植民地主義民族観」、すなわち日帝時代に朝鮮支配を正当化する為に日本の学会、教育界、マスコミ全てを総動員し作り上げられた、いわゆる「皇民史観」という「歪められた民族観」の克服こそ、在日だけでなく、本国と在日朝鮮人の状況を統一的に捉えるものであると理解するようになりました。

日本の支配層が作り上げた「歪められた民族観」は、日本社会の中で戦後も残っているということだけでなく、その価値観は、支配される側の価値観ともなり、日々再生産されているのであり、日本社会のただなかで生きる在日朝鮮人にあっては、今も克服できずにいるのだと考えました。私が留学前に提示していた「被害者意識としての民族意識」こそ、まさに、「歪められた民族観」が私の中に巣食っていたそのものであるということがわかりました。

その価値観は戦後の日本社会の経済的発展の背後で生き残ったものであるにもかかわらず、その日本を追随しようとする韓国社会が、はたして植民地支配の残滓としてある自らの「歪められた民族観」を克服できるのか。

私は韓国において「歪められた民族観」は一定の経済的繁栄や国威の発露にかかわらず、経済大国日本の後を無批判に追おうとする限り、払拭されないと考えていました。

私が韓国に渡って見えてきたことは、「被害者意識としての民族意識」として自己分析していたものですが、それは日本社会の実相を反映したものであるということは既に留学前に理解していました。その意識（価値観）は戦前意図的に作られ今も生きるものであり、「歪められた民族観」は、歴史的かつ現在的な課題として克服されていかなければならないのです。

二年にわたる韓国での生活によって、「在日朝鮮人問題」は「歪められた民族観」を克服して、自らの、そして民族全体の独立と自立をはかるという意味で、民族全体の課題であると理解しはじめました。

「日立闘争」に対する韓国学生運動の支援宣言

母国留学中、韓国の中で現実を変革しようという新しいうねりに出会いました。それはスラム街の中にある教会とそこに集う青年たちの活動です。抑圧されてきた民衆が主体となるように、地域住民を組織し、住民たち自身の権利を要求する姿でした。地域にある小さな教会の中で、牧師や学生たちがスラムの中にある住民の家一軒一軒を手書きの地図に描いたものを前にして、住民と一緒になって人間としての自立を求める具体的な運動を話し合っているのを見ました。私はそこに「歪められた民族観」の克服の可能性、方向性を見たように思いました。私にとっては、韓国の民主化闘争は、マスコミでとりあげられる政治的スローガンやデモ、機動隊との衝突よりむしろ、このような地道な地域活動と結びついています。

大学院で学びはじめてしばらくして、私は歴史学科の学部の後輩から、ある決意をしたので兄さんとはしばらく会えないかもしれないと告げられました。そして翌日の朝、ラジオで一回だけ、ソウル大学でデモがあったと放送されました。たまたま下宿でそのニュースを耳にして、昨日の後輩の青年の言葉を思いだし大学のグラウンドに駆けつけてみると、二百名程の学生が横断幕を掲げ構内をデモ行進していました。私の知るその青年は後方で旗を振っていました。校門の正面に整列し国歌を愛唱する中、スローガンが読み終えられるや、待機していた機動隊が突人してきました。そして全員逮捕です。それまで沈黙を守っていた学生が民主化を叫び立ち上がったのです。学生たちに続き教会、マスコミや知識人達も独裁反対の声をあげはじめました。韓国の民主化闘争のはじまりです。

日本では日立裁判闘争が続けられていましたが広く大衆的な運動になっていませんでした。同胞社会の中では金大中事件が起こり、韓国学生同盟（「韓学同」）などの在日青年団体においては本国の民主化闘争に連帯しなければならない、という運動がはじまっていたのです（一九七二年）。

そういう中で韓国キリスト教学生総連盟（ＫＳＣＦ）は反日救国闘争宣言を発表して朴正煕政権の「維新憲法」撤廃をかかげながら、決意事項の最後で、「日立で起こった就職差別問題など日本国内での韓国人同胞に対する差別待遇を即刻中止せよ！」と訴えました。

民主化を願い、地道な地域活動をはじめていた彼らは、在日同胞の問題を民族の歴史的な課題として捉えたのです。

反日集会が準備される中、私は韓国の学生に日立闘争の抱える問題と同胞の現実を訴え、ソウルでその集会をもつことを話し合う日程まで決め帰国しました。その数日後、彼らは日本企業の韓国進出を批判する集会の準備をしたという容疑で逮捕されたことを私は日本の新聞で知りました。あの「民青学連事件」です。

一九七四年四月に韓国の維新政権が発した緊急措置により、全国民主青年学生総連盟（民青学連）の構成員を中心とする一八〇名が韓国中央情報部（ＫＣＩＡ）によって拘束され、非常軍法会議に起訴された事件です。翌年、ＫＣＩＡによる捏造であったとして、逮捕された学生たちは無罪になりました。

第三章　日立闘争

日立闘争のはじまり

前述したように、日立闘争は朴鐘碩《パクチョンソク》が日立製作所から不当解雇された後、ベ平連に参加していた慶応大学の学生たちの協力、支援によってはじめられたのですが、私も韓国人として加わる中で［朴君を囲む会］が形成され、徐々に大衆的な運動に広がっていきました。この会はいかなる党派にも属さず、日立の就職差別が象徴する在日朝鮮人の現状を法律、教育、歴史、社会の各分野において詳しく調べ、そして具体的な差別の実態を明らかにしていきました。

この闘いが勝利していった要因はいくつかあると思われますが、その最大の要因は、朴鐘碩自身の人間としての成長にあったと言ってよいと思います。彼は愛知県で生まれ、九番目の息子として貧困と困難の中で育ったようです。彼の上申書と、日本社会の朝鮮人差別の状況を公に認め朝鮮人の主体性回復に言及した勝利判決文は是非、後世に残したいものです。この判決によって国籍を理由にした解雇は不法であることが認定されたのです。

貧困故の家庭の不和や混乱の中にいながら学校では「問題児」であった朴鐘碩は上申書の中で、じっと耐え忍び懸命に働くオモニ（母）と、兄とのいさかいから家を出てホームレスの生活をしたアボジ（父）を、四年の闘争を経てこのように振り返っています。

私は、祖国の言葉をおぼえるにつれ、父や母が苦しい生活の中で泣きわめいた言葉にどんなに深いかなしみと民族の怒りの訴えがこもっていたのかをしるようになりました。かつて、父や母をつまらない人間だと思い、むしろ憎んだのでしたがいまになって、その父と母がどんなに苦しみと差別にたえ、せいいっぱいの愛情で私たち九人姉弟を育ててくれたのかがはっきりわかりはじめました。それを思うと私は涙なしにはいられません。私はこの老いた両親のためにも、不正と徹底的にたたかう強い人間になることを誓わないではいられません。

朴鐘碩は商業科を出たにもかかわらず、学校からプレス工の仕事をすすめられ、いったんは勤めたものの他の会社に経理として入り、結局そこでもまたプレス工の仕事をさせられました。彼は新聞で日立製作所ソフトウェア戸塚工場の募集をそれこそ「胸をときめかせて」むさぼり読み、応募しようと決め、もし合格して「一生懸命努力すれば幹部に登用されるかもしれない」と夢見たのです。

履歴書の本名欄にずっと使っていた日本名と本籍欄に愛知県の現住所を書いた彼は、韓国籍をそのまま書いて門前払いされることが怖かったのだと言います。無事入社試験に合格し採用通知をもらったのですが、日立から要求された戸籍謄本は外国人は取れないのでその代わりに外国人登録済証明書を持参したい旨申し出たところ、日立側は突然態度を翻し、一般外国人は採用しない、こんなことになったのは朴鐘碩が履歴書に嘘を書いたからで、むしろ被害者はこちら側だという言い分で彼を解雇しました。あきらめきれない彼は何度も会社に出向くのですがらちがあかず、途方にくれているときにべ平連運動に関わる慶応の大学生たちと出会い、裁判闘争を決意するようになったのです（一九七〇年一二月八日）。

当初この裁判においては朴鐘碩の弁護士たちは単なる解雇に関する労働問題と捉え、日本人と変わらないのに罷《や》めさせたことは不当であるという理解でした。朴鐘碩をはじめ慶応の青年たちもまた同じように考えていました。私はこの捉え方を厳しく批判しました。日立が朴鐘碩の能力を認めながら外国人であるという理由で解雇したことは民族差別であり、彼は排外主義的な日本の差別社会の中で同化させられてきたのであって、本名を取り戻していかなければいけないし、この裁判を通して日本社会の民族差別の実態を明らかにしていかなければいけない、私は自分の到達した地平から全力をあげて彼らと論争をしました。私は自分の生き方を語っていたのです。

朴鐘碩にとっては晴天の霹靂であったようです。日立を許せない、告発しようとしているのに、自分の生き方が問われてくるとは！　何の経済的な基盤もない中で、彼はアルバイトをしながら裁判闘争を続けました。「朴君を囲む会」は弁護士と一緒になって裁判の進め方を協議し、定例会を開きました。既成の民族団体では自分の場を見出せなかった混血の青年たちを含めた多くの同胞がそこに集まるようになり、民族差別と闘おうとする日本の人達と、文字通り自分の生き方を咆吼するがごとく語りあいました。朴鐘碩はなかなか展望を見出せない裁判や生活のことでいらつくことも多く、日本人青年にくってかかることが続きました。彼は仕事先では日本名を使っていましたが、私は彼を理解し、そして待ちました。

日立就職差別裁判闘争の勝利

彼はわかっていたのです。しかし、そのように自ら生きるようになるには時間が必要でした。そしてついに朴鐘碩は川崎市に引越してきました。川崎教会にも来るようになり、かつての私がそうであったように、教会の人たちから受けとめられ、本名で生きはじめました。そして洗礼を受けました。

教会青年を中心としながらも、新しく川崎市に来た同胞青年と一緒になって、私たちは絶えず自分の生き方を話しあいました。その中で、日立闘争と並行して同胞が密集するこの川崎市で民族運動としての地域活動をしよう、そしてその運動こそ民衆運動でなければならないという理解のもとで行政闘争や身の回りの差別問題を取り上げていくようになったのです。そして同じように差別と同化の中で生きる同胞子弟を対象にした子ども会活動をはじめます。

韓国の民主化闘争を担う青年たちの宣言の中で日立闘争支援が打ちだされてから、在日同胞の団体や日本の市民運動の反応が変わりはじめました。私たちは日本の市民運動の人たちに対して、「みなさんが連帯しようとしている韓国の民主化闘争を掲げる学生たちが日立の就職差別の問題をとりあげているではないですか。みなさんも日立闘争に取り組んでください」と積極的な支援を呼びかけ、同胞団体や日本の市民運動体の支援、協力を得るようになりました。

私に「民族反逆者、同化論者」と烙印を押した在日大韓基督教会の全国青年会も、日立を批判する声明文を出すなどして支援をしてくれるようになりました。教会の婦人会のオモニ（お母さん）たちはさらに積極的でした。［朴君を囲む会］の事務局の日本の青年たちは実に真摯に朴鐘碩や私たちの怒りの声を理解しようと努力してくれました。

［朴君を囲む会］の呼びかけ人は、日本人と在日朝鮮人青年を中心にしたこの共同闘争を絶えずあたたかく受けとめてくれたし、いつも一緒に闘ってくれました。弁護団は「弁護士だからでなく」（石塚久）ひとりの日本人として、人間としてこの事件に関わってくれました。東京地裁の検事を辞めて弁護団の団長になってくれた中平健吉氏を中心にして、闘争に心を寄せる全ての人の英知を集めた準備書面を作成して、私たちは判決を待ちました。横浜地裁の石藤太郎裁判長の判決は、私たちの言い分を認めた完全勝利でした。（一九七四年六月一九日）

戦後も現在に至るまで、在日朝鮮人は、就職に関して日本人と差別され、大企業にはほとんど就職することができず、多くは零細企業や個人企業の下に働き労働条件も劣悪の場所で働くことを余儀無くされている。また、在日朝鮮人が朝鮮人であるということを公示して就職しようとしても受験の機会さえ与えられない場合もあり、そのため在日朝鮮人の中には、本名を使わず日本名のみを使い、朝鮮人であることを秘匿して就職している者も多い。右のような現状はいわば常識化している。

このように歴史上初めて、日本の裁判所という公的機関が民族差別の存在を認めたのです。そのうえで、朴鐘碩は日立に対して労働契約上の権利を有しており何ら解雇される理由がなかったこと、すなわち日立は民族差別に基づく不当解雇をしたと日立の差別を全面的に認めました。判決「理由」文中で朝鮮人の主体性回復についても言及しています。

また、原告本人（朴鐘碩）尋問の結果によると、原告はこれまで日本人の名前をもち日本人らしく装い、有能に真面目に働いていれば、被告に採用されたのち在日朝鮮人であることが判明しても解雇されることはない程度に甘い予測をしていたところ、被告（日立）の原告に対する本件解雇によって、在日朝鮮人に対する民族的偏見が予想外に厳しいことを今更のように思い知らされ、そして、在日朝鮮人に対する就職差別これに伴う経済的貧困、在日朝鮮人の生活苦を原因とする日本人の蔑視感覚は、在日朝鮮人の多数から真面目に生活する希望を奪い去り、時には人格の破壊にまで導いている現在にあって、在日朝鮮人が人間性を回復するためには、朝鮮人の名前をもち朝鮮人らしく振舞い、朝鮮の歴史を尊び、朝鮮民族として誇りをもって生きていくほかにみちがないことを悟った旨、その心境を表明していることが認められるから、民族的差別による原告の精神的苦痛に対しては、同情に余りあるといわなければならない。

この画期的な判決は日本国内だけでなく韓国でも報道されたので覚えていらっしゃる方も多いと思います。しかしこの判決前に［朴君を囲む会］で行った、「日立闘争」勝利を決定的にした日立本社への直接抗議行動についても記しておくことにします。

日立との直接交渉のはじまり

私たちは裁判闘争とは別に日立から直接話を聞こうとして、判決の予想される六ヵ月前から日立との直接交渉を試みました。不意をつかれた彼らは自分たちの正当性を主張するものの、周到な準備を重ねてきたこちらの質問に矛盾する発言をするようになり、次回の会合を約束せざるをえなくなったのです。

私たちはさらに彼らの矛盾を突き、ついに数度にわたって日立を直接交渉の場に引き出すことに成功しました。四度目の交渉がもたれ、日立側からは勤労部長が出席しました（一九七四年四月八日）。

彼らはあくまでも差別を認めず、日本社会の民族差別の存在さえ否定していました。日立側は当初朴鐘碩に「一般外国人は採用しない」と言って彼を解雇したにもかかわらず、その発言を裁判においても一貫して否定していました。しかし私たちにはそのときのテープが手元にあったのです。また日立の社員の中に私たちの運動の同調者が現れ、私たちは日立の人事に関するマル秘文書なるものを入手していました。日立との直接交渉の場で私は差別を頑強に否定する部長に対してそのマル秘文書を投げつけました。それは日立の労務担当者を集めた研修会の席で学習されたものでした。

「共産党、民青等の思想的偏向者、熱心な創価学会員は雇わない、精神、肉体異常者は雇わない、外国人も積極的に雇わない……」

結局、日立側は外国人は採用しないという内部規約を持っていながら、朴君は嘘をついたから辞めさせたのだと主張していたのです。そして彼の日本名や本籍地として現住所を書いたことをもって彼のことを「嘘つきな性格」と決めつけ、そのようにせざるをえない、あるいはそのようにせしめてきた日本社会の問題に関しては全く知ろうともしていなかったことが明らかになりました。部長は言葉を失いました。そして次回の会合を約束したのです。私たちは勤労部長では対応できないとして、日立の責任ある立場の人の参席を求めました。

謝罪の確認書

［朴君を囲む会］の運動の進展が詳しく韓国でも報道され、韓国キリスト教女性連合会が韓国で日立不買運動を展開することを決議しました。ソウル市長もまた、日立と提携している韓国金星社に対して決議文を提出しましたが、ソウル市警は時局を理由に街頭キャンペーンを不許可にしました。また世界キリスト教会協議会（WCC）人種差別闘争委員会でも同じく日立製品不買を決議し、四五〇万円の援助金を出しました。私たちはそのお金でそれまで無償で裁判闘争をしてくれていた弁護士たちへの報酬を支払うことができました。そして日本の国会においては公明党がマル秘文書及び朴鐘碩への就職差別問題を追及したのです。

このように国際的な支援を受けながら、私たちは最終局面となった次の直接交渉に入っていきました。参加者は東京駅の正面にあった日立本社の大会議室に溢れんばかりになり、青年のみならず多くの年配の同胞も日立と対峙しました。

日立の常務は冒頭、朴鐘碩の採用内定取消を撤回する声明文を発表しましたが、自分達のやったことが差別であったとは認めませんでした。参加者からの激しい糾弾の末、ようやく「日本社会に在日朝鮮人に対する差別がある」ということを認めましたが、自分たちには差別の意図がなかったと頑強に主張しました。しかし集会に参加していた年配の同胞から諭すように「あなただって人間でしょう。日立の代表という体面だけじゃなくて、人間として答えて下さいよ」と言われると、彼は絶句し手が震え出しました。そしてようやく、「三年間…日立が朴君にしてきたことは…差別であった…ことを……認めます」と答えました。しばらく沈黙が続きましたが、こちらの事務局で作成した確認書の内容を両者で確認し署名捺印が交わされました。団交がはじまって六時間経ちました。

確認書（その1）

一九七四年、日立本社会議室における、日立製作所と朴鐘碩及び朴君を囲む会の交渉の席において、双方は左記載の内容を相互確認しました。

記

朴君が一九七〇年に入社試験時に、「日本名」「出生地」を記載したことに関し日立は、それが「虚偽の記載」であり、そのようなことを書く人間は「ウソつきで信用できない」とこの間一貫して主張してきた。しかし今回、朴君の上申書を読むことによって、そのような主張は、在日朝鮮人のおかれた現実を全く知らないために犯した誤りであると気付いた。従って、この三年間、こうした誤った判断にもとづいて朴君の就業を拒否したこと、その誤りの責任が日立にあるにもかかわらず、「ウソつき」のレッテルをはることで、朴君に責任転嫁してきたこと、の二点だけでも、日立が朴君を民族差別し続けてきたものに他ならないことを認め、日立は責任をとる。

以上、右記載内容に関し、相互確認したことを署名をもって証す。

株式会社日立製作所　常務取締役　新井啓介　印

朴　鐘碩　印

朴君を囲む会呼びかけ人　佐藤勝巳　印

しかし私たちは追及の手をゆるめませんでした。マル秘文書に記されているように、外国人は採用しないといった採用マニアルを作った日立の体質はどうなるのか、追及が続きました。常務はじっと聞いていましたがついに口が開き、「日立のやっていたことが民族差別であることがよくわかりました」と答え、第二確認書に合意しました。

日立製作所は、在日韓国人・朝鮮人を差別し続けてきたことを認め……ここに深く謝罪します。日立製作所は、今後、このような民族差別を二度とくりかえさないよう、責任ある、具体的な措置をとることを確約します。

場内に涙と笑みが広まりました。日本でも一、二を争う大企業グループが公の席で謝罪をしたのです。日立の人たちも泣いているようでした。夜の一二時近くになっていました。翌日、その内容は日本と韓国の新聞で大々的に報道されました。韓国の城南教会では、朴鐘碩の勝訴を祝う祈祷会がもたれました。以上のように日立との直接交渉を行い、日立側からの全面的な謝罪と「具体的な措置」の確約を勝ち取る中で、私たちの主張を全面的に認めた判決が下ったのです。そして日立の控訴断念により、国籍・民族による解雇は認められないということが判例になりました。

その後も「具体的な措置」をめぐって激しい対立が続きましたが、最終的には「朴君を囲む会」と日立の両者の間で「合意書」と「合意書に関する了解事項」が交わされ、「朴君又は日立に入社した在日韓国人・朝鮮人に関し、話し合いの必要が生じた場合、相互の要請により随時話し合いを行い、誠意をもって解決にあたるものとする」ということが確認されました。朴君はこの合意書のあと日立に入社していきました。勤務先は、あの日立ソフトウェア戸塚工場です（一九七四年九月二日）。

日立闘争の意味について

これらの意識革命は、すべてアラバマ州モンゴメリーのバス・ボイコット闘争から始まった。

（猿谷要『キング牧師とその時代』）

同化され「被害者意識としての民族意識」しか持つことのなかった、ある意味で典型的な在日朝鮮人であった朴鐘碩の、四年にわたる闘争の中で民族の主体性を求めてきた生き方が、本国の主要新聞から「民族全体の貴重な教訓」（東亜日報）、「告発精神の勝利」（韓国日報）として評価されたことは、私たちに大きな自信と喜びを与えてくれました。政治的位置づけやただ同じ民族であるという思いによって本国と在日朝鮮人を結びつけるのではなく、在日朝鮮人の生活の場での人間らしく生きる闘いとその振る舞いによって、本国の同胞と結びついたのです。

日立闘争の意義についてはいろいろな観点から分析することが可能でしょうが、裁判の過程で民族差別の歴史と現実を明らかにし、日立の民族差別を認定した判決を勝ち取ったことの意味は限りなく大きいと思います。これをきっかけに日本社会でのタブーが破られ、国籍の違いを理由としたいかなる差別も許されないという運動がはじまります。金敬得《キムギョンドゥク》氏の弁護士資格の獲得もそのひとつです。在日朝鮮人の人権、生活権という観点から、在日同胞を排除していた法律や慣習への闘いと連なっていきます。民間企業のみならず、学校教師や公務員への就職さえ門戸を開放すべきであるという動きが出てきたのも、当然のことであると思われます。

日立闘争を担った［朴君を囲む会］は、日本人と朝鮮人の両者が自前で、互いにぶつかりそしてお互いを受けとめあいながら、一切の打算（利用主義）もなく共同で闘い切ったのです[1]。

日立闘争を振り返ってみるとき、「民族の主体性」というのは理論や理屈ではなく、結局は人間の生きざまのことをいうのではないのかと強く思わされます。自分の置かれている現実から逃避することなく、その現実を直視し切りひらいていく当事者（主体）になっていくこと、一人の人間として自立していくこと、それが主体性なるものではないのか。私にとっての日立闘争の意義は、在日の権利と民族的自覚の獲得ということにとどまらず、人間としてどのような生き方をすればいいのかということを学んだことでした。「民族」を強調することの問題性を安炳茂《アンビョンム》教授は強く指摘しています。

わが国の歴史には、民族はあったが、民衆はなかった。民族を形成した民衆はいつもその「民族のために」という美名の下で収奪状態のままに放置された。

（安炳茂『民衆神学を語る』）

そうなのです。在日朝鮮人民衆は動員の対象ではなく、ましてや指導・啓蒙の対象であってはいけないのです。現実を直視し現実から学び現実を変革していくというのは、その民衆と共に生き、共に悩み、共に現実を切り開いていくということではないのでしょうか。日立闘争を通して私はこのことを学びました。

民族の高唱にもかかわらず具体的な同胞の実態に迫れないのは、民衆なき民族理解であるからだと言えるでしょう。しかし私は、それは思想の「観念化」（田川建三）によるものだと思います。人は絶えず現実から自己検証をしないと自分で獲得したつもりの倫理や思想は観念化され、自己保存に陥り現実が見えなくなってしまうのです。「民族」はもちろん、「民衆」や「民主主義」さえその思想や主張は観念に陥る危険性を秘めています。ひとは民衆の現実から学ぶ謙虚な姿勢を失うとき、己の観念に陥っていることはわからないで、倫理や思想、信仰の正当性（建前）を根拠に他者の批判を受け入れないようになります。近代日本の民衆の実態を文字通り地を這うようにして調べあげた色川大吉はいみじくも語っています。

大義名分と正統意識こそが自己批判の契機を見失わせ教条主義を育てる。

（色川大吉『歴史の方法』）

私はそれ以降、試行錯誤を繰り返しながらも、絶えず具体的な問題をとりあげ現実を切り開くように生きてきました。私にとって「歪められた民族観」の克服は、人間としての自立への道であったのです。

資　料

社会福祉法人青丘社理事長に宛てた公開の書簡

１９８６年３月１日　　　　崔　勝久

社会福祉法人青丘社理事長　殿

昨年の九月頃、理事長より理事会の報告書をうけとりました。その中にも理事長からの励ましのお言葉がありましたが、今日に至るまでの、理事長及び李牧師をはじめ理事の皆様の変わらぬ愛と御指導に対して心より感謝いたします。本当にありがとうございました。

八月の理事会の報告に関しましては、藤原牧師より連絡をいただいていたこともあり、又私自身青丘社の理事は辞めるつもりでおりましたので、理事を辞めることについては何も言うことはないのですが、ただ、お世話になった皆様に御挨拶する機会がなくなったことに一抹のさびしさを覚えます。

私は青丘社の理事を辞めるときには、理事会の責任においてなすべきことを提案したいと思っておりましたので、今回、青丘社の諸活動に最終的な責任を負っている理事会として対応していただくべく、理事長宛に公開の手紙をお送りすることにいたしました。

理事長をはじめ現在の理事の大部分は、私達が二十代の青年の頃から活動してきたのをじっと見守って下さった方々です。きっと教会の現状、青丘社における軋轢を複雑な思いで憂い胸を痛めていらっしゃることと存じます。私自身、実社会での経験を積むにつれ、使命感に燃えるあまり事を性急に進めすぎ、いかに多くの人の気持ちを傷つけたことかと考えますと、かつて仲の良かった友人達ひとり一人におわびしたい気持ちで一杯です。

しかしながら、人間の歴史においては、個人の性格や思惑や人間関係を越えて物事の本質が問われ、真正面から直視し己の生き方と関わらせないと見えてこない、「出来事」があるのだと私は考えます。

私達にとってのその「出来事」とは何なのでしょうか？　私は五年前の十二月九日、五人の母親たちが礼拝堂において青丘社に抗議の声をあげた事件こそ、私達の今までの「運動」にとって、またこれからの私達の生き方にとって重要な意味を持つ「出来事」であると考えます。

そもそものきっかけは、青丘社「運動」の中で問題意識にめざめ保育園の父母会会長として、自立をテーマに青丘社の提唱する「運動」を父母会の中ではじめた余令子《ヨヨンジャ》氏の悩みでありました。本名で生きること、子供達の日本の公立学校で生きるときの苦しみを読書会等を通して多くの父母達に知ってもらおうと（啓蒙活動を）すればする程、周りから浮いてしまうことに悩みはじめたのです。それに対して保育園は、それは彼女のやり方のせいであるとして、自分達の「運動」の質の問題とは考えませんでした。

保育園父母会の役員の中に彼女の訴えを受けとめ、民族差別の問題を考えていこうとする日本人の母親たちが現われ、自分達だけの集まりを持ちはじめたところ、保育園関係者のいない場での本音のすごさに驚き、結局は父母会全体のあり方を会長である余令子氏と一緒に考えていこうというようになりました。

父母会の自立ということで父母会全体のあり方を一所懸命模索しはじめた四人の母親たちは、直接的に差別を訴えたりするのではなく、人間的な触れあいを通して、子供を保育園で預かってもらっていることで言いたいことも言えないでいるお母さんたちから、本音を聞くようにしました。親しくなるにつれ、子供を持ちながら共働きをして生活を支えているお母さん達の口から、子供に対する悩みや保育園への訴え等が出てくるようになったであろうことは想像に難くありません。

私の妻である曺慶姫氏は、元保母として保育園のことを熟知している訳ですから、父母の一人としてお母さん達の悩みや話を聞くにつれ、両者の微妙なずれや立場の違いがわかるようになり、そこから自分がながく保母をしてつき当たっていたことが徐々に見えてくるようになったのです。曺慶姫氏を含めた五人の母親たちは父母会の自立を模索する中から、実は、母親として、女性として、人間としての自立を求める方向に歩み出し、建て前ではない、自分の全責任において考え行動する中から見えてきた本物を、把えようとしだしたのです。それは高邁な理念を掲げて「活動」している保育園や青丘社全体の「運動」に対して内実を問うものとなっていった訳です。自立を求める母親たちの歩みは対青丘社のみならず、同時に夫婦関係、子供との関係、それに自分達が所属してい団体、例えば「オモニの会」や教会に対してもあるべき姿を求めていくようになったというのも当然のことでありましょう。

父母会の自立ということを、保育園の行事等を自主的、積極的に担ってもらうこと位にしか考えていなかった保育園は、内実を求める彼女達の動きを自分達に対する非難として受けとめ、自分達の体質（姿勢）が根底において問われているというようには全く思い至りませんでした。

五人の母親たちはそれでも何とか自分の思いを理解してほしいと訴え続け、五年前の十二月九日、自分達の主張を印刷したものを準備した上で、全ての青丘社の人達に呼びかけて、ひとり一人が自分のことばで問題提起をしたのです（その時の趣旨書は後の資料編にあります）。

以上が私のいう「出来事」の簡単な経過です。

恐らく皆様の一番納得できないことは、どうして青丘社「運動」の中で問題意識を持ちはじめた五人の母親たちが青丘社への問題提起の集会なるものを敢行したのかという点であろうかと思います。

私は彼女達の訴えを中心に据え、一体何が問題であるのかということを様々な角度から検討すべきであったと考えております。そもそもどうして〈地域〉に根ざすことを志してきた青丘社が、母親たちの問題提起を受けとめられなかったのでしょうか？　直接の当事者であった保育園（保母、主任保母、園長）は言うまでもなく、「地域活動」に精力的に取り組み「仲間づくり」を目指してきた主事やボランティアの青年達、青丘社「運動」を推進すべく創られた運営委員会、青丘社の最終的な責任母体である理事会は、各々どうして充分な機能を果たしえなかったのでしょうか？　そこには一人ひとりの考え方やあり方の問題のみならず、「運動体」を標榜する組織体のあり方に何か根本的な問題があったのではないでしょうか？　例えば保育園ひとつとりあげても、「発達の保障」という保育理論（資料編3参照）に基づいてこれから実践を積み重ねていくということが、母親たちの訴えに対する解答たりうるのかということも討議されるべきであったでしょう。また、青丘社桜本保育園の園長とは何か、どういう仕事、責任を負うべきであるのか、それは牧師が兼任した名目的な存在でいいのかということも問題になりえたと思います。

当然のことながら、青丘社を「民族差別と闘う砦」という「運動体」としての位置付けをした運営委員会なるものは、一体どのようなものでありえたのか、その役割と問題点は何であったのかという点についても検討されるべきであったでしょう。隣人への愛、地域奉仕というキリスト教ヒューマニズムからはじまった保育園が社会福祉法人青丘社桜本保育園となり、さらに民族の主体性を求める熱い想いの発露として、子供会からロバの会、そして桜本学園設立に至った後に、青丘社全体を位置付けるものとしてだされた「民族差別と闘う砦」論（『民族差別とは何か』）と、その上に設立された運営委員会は、必然的な設立動機にも拘らず、その観念性において、徹底的に批判され止揚されるべきであったでしょう。しかしながら、民族差別と闘う「運動体」としての青丘社という位置付けと、実質的に責任あるかたちで日々の実践を積み重ねていくべき主体（組織）のあり方に対する包括的な考察のないところで運営委員会を「解散」しても、本質的には何も解決されていないのです。

また設立動機からして当然のこととは言え、現在、韓国教会役員と青丘社理事を兼ねる方が多いのですが、教会と青丘社は、園長と牧師の兼職の問題（牧師が兼ねる園長はボランティアなのか、実質的な責任を持って地域で働く職員なのか）を含めてどういう関係になるべきなのかについて、建て前や自分の立場にこだわらず、一度徹底的に整理をする必要があるのではないでしょうか？　そうでないと、宗教に基く心情的な「運動」は無責任になるばかりか、「世俗化」の流れの中で、なしくずし的に公権力との関わりが深められ、私達が当事者として存在意義を主張できない（形式としての「宗教」と「民族」だけがお互いの思惑の中で保障されるような）事態にならないとも限りません。

以上のことをすべてふまえた上で私は、大きくなった青丘社全体を一体誰が、どのような考えで、どのように運営していくのかを歴史的に、現実的に総括していくことが求められていたのではないかと考えるのです。

いずれにしましても青丘社は、開かれた自己、開かれた社会を求めるシンボルでありました。しかしながら、母親たちの問題提起の過程で明らかになってきたことは、いかなる建て前、位置付け、理論があろうとも、何かを訴える人達をないがしろにするような閉鎖的な体質を持つに至った青丘社は、真に開かれた社会を求める主体たりうるのかということに対して、徹底的な内部検証が求められるようになったということであろうと思います。

母親たちの求めた自立は、人間として生きていくことの、日常生活における絶えざる具体的行為であることを考えますと、このことこそ、民族の主体を求めてきた私達が、日常生活の中で呻吟しながら自分自身の責任において継続して深めていくべき課題であると、私は確信いたします。

青丘社の歴史的な総括と、その内部で直接的に青丘社を担う人達のあり方（真に開かれた自己、開かれた社会を求める姿勢であるのか）の検証は、母親たちの問題提起を受けとめえなかった青丘社とは何であったのかという点に対する徹底した自己批判なくしては、決して求めることのできないものでありましょう。私はこの自己批判の上でなされる青丘社の総括のないところで、青丘社が目前の敵や「問題」に対して「正義」をふりかざしいくら立ち居振まっても、さらに教会と物理的に離れた処に新しい建物を作ったとしても、問題は残ると敢えて苦言を呈したいのです。

私はこれからの青丘社や自分自身の生き方を考えるとき、母親たちの問題提起という「出来事」は無視されてはいけないと強く思います。この五年間の青丘社「運動」や教会の足跡を深く根底において洞察するならば、どこにあの「出来事」の意味があるのかということを直視することは、避けてはいけないことだと気が付かれる筈です。

以上のことから、私は青丘社理事会に対して、理事会の責任において、母親たちによる青丘社への問題提起という「出来事」の経過と問題の所在を明らかにすべく、具体的な作業にとりかかることを要求いたします。そもそも青丘社において「出来事」に関するまとまった資料がないということはまことに残念なことですが、具体的な作業というのは、散乱した資料の収集の上でまず文字化することから始められるべきでありましょう。文字化する作業の中から、無責任な伝聞、一方的な言い分、物事の本質を個人の性格や人間関係に矮小化して事足れりとする安易な姿勢は排除され、ひとり一人が何を直視しなければならないかということがおのずから明らかにされてくるでしょう。

次に私は文字化されたものを公開なさるように求めます。閉ざされた「運動」体内部の人間だけが理解できる内容にとどめるのではなく、また青丘社「運動」の流れや体制を正当化する目的で自分達の都合のよいように資料を編集するのではなく、その公開された文書を通して、社会に生きるひとり一人が自分の生き方と照らしあわせ学びあうことができるようにしていただきたいのです。その上で、私は先に触れた様々な問題に対して、理事会としての見解を出していただくことを求めます。

理事会の責任ということについて一言、言及しておくべきことがあります。と言いますのは、理事会はひとつ決定的な誤りを犯したからです。それは、青丘社「運動」の中から提案され討議を重ねながら作られてきた運営委員会に関することなのですが、母親たちの問題提起の「出来事」が総括されないのであればその間は運営委員会を凍結するしかないと決められていたものを、理事会は具体的な経過や問題の所在に関する一切の調査報告のないまま、運営委員会を「解散」したからです。運営委員会を認定したのは理事会だからその解散権も理事会にあるということらしいのですが、それにしても、物事の推移を見極めてからにしてはという理性的な声を無視してまでも、問答無用とばかり、多数決による運営委員会解散の愚挙がなされたことは、良識のある理事におかれては今だに良心のうずきのあるところであろうかとお察しいたします。
一体理事会の席上何が決められたのかもう一度議事録を確認していただきたいのですが、運営委員長の解任であったのか、運営委員会の解散であったのか、前者であれば後任がきめられ、新しい委員長の下で「出来事」の総括がなされるべきであったのでしょうし、後者であれば、どうしてこういう前代未聞の事態がおこったのか、運営委員長、園長、主任保母や主事及び母親たちすべての関係者に説明を求め問題点を明確にした上で、運営委員会の総括をすべきであったにも拘らず、何の為に強引に「解散」の採決にまでもちこむ必要があったのでしょうか？　理事会の決定はいずれにしても、「出来事」の本質を探り根底より青丘社の問題点を見つめ直すということより、全てを闇の中へ隠蔽していくものでありました。当然ながら、その結果、今日に至るまで「出来事」の意味性を探るような作業が一切なされてこなかったということは先に述べた通りです。理事会においては具体的な措置をとっていく責任があるという私の主張は御理解いただけるものと思います。

私は理事会が園長や事務局から準備されたものを承認するだけの形式で終わらず、狭い「運動」体と実社会とをつなぐ接点として大いなる良識を覇気とを発揮していただきたいと心より念願いたします。私自身は残念ながらそのような理事としての大任を果たせず、人間としてのあり方を広く社会の中で事業を通して模索する道を選びました。その道が真摯な道であるならば、人間の解放を真に願う人達と心がつながらない筈がありません。人を啓蒙したり教え導こうとせずとも、己自身が当たり前の人間として歩もうとするとき、自然に人と人とのつながりができてくるものなのではないでしょうか？　私は最近強くそのように感じます。「運動」の大義名分をふりかざさなくとも、人は生活の真只中で人間としてのあり方を求めているのです。青丘社は子供達への教育を中心課題としながらも、開かれた自己、開かれた社会を求めるシンボルとして、社会の真只中で生きる人達とのつながりを求めるべきでありましょう。「運動」や自分の立場に固執するあまり、そしてまじめに「活動家」を認じ「運動」に没頭すればする程、かえって大切なことが見えなくなることがあるということを、私は自分のにがい経験として青丘社の皆様にお伝えいたします。その「運動」体の陥りやすい危険性に対して、一人の人間の自立ということから警鐘を鳴らしたのが、五人の母親たちの問題提起という「出来事」であったとしたら、理事の皆様や青丘社の人達はどうされるでしょうか？　やはりこのまま、あの「出来事」を無視し続けていくのでしょうか？

理事長はじめ理事の皆様におかれましては、長くなりましたが私の手紙の真意を汲んで下さり、一人の人間として真正面から提案を受け止めていただけるものと信じております。皆様の御健康と御活躍をお祈りいたします。

１９８６年３月１日

追伸
現場で頑張っている青年達とは、特にその労をねぎらいながら、社会での人間の生き方についていつか、ささやかな自分の歩みの中から見えてきたことを通して歓談する場もあろうかと思います。彼らには、建て前や型式を越え、人間らしく生きる為に、自分の納得できる道を、自分の納得できるやり方で突き進んでもらいたいのです。そうすれば、私達には何の障害もなく一人の人間として楽しく出会えるものと信じております。よろしくお伝えください。

第四章　民族・民衆運動としての地域活動をはじめて

地域活動のはじまり――在日韓国人問題研究所（RAIK）の主事として

李仁夏牧師を中心に韓国の民主化闘争に関わる人たちから在日韓国教会が新たに創設する在日韓国人問題研究所（ＲＡＩＫ《レイク》）の初代主事に請われ、私はソウル留学を途中で切り上げ帰国しました。私は同胞社会における差別と闘う具体的な実践の必要性を痛感していたので、単なる「研究所」なるものには関心がなく、日立闘争と川崎市での地域実践を推進していくこと、そしてわたしの行動に制限を加えないことを条件にＲＡＩＫ《レイク》の主事を引き受けました（一九七四年）。

それから思いがけない義父の死によって彼の小さな鉄屑回収の会社を引き受けるようになるまでの二年間、私は川崎での地域活動に没頭しました。韓国留学中、民主化運動とは単なる政治スローガン的な運動でなく、貧民街で教会を中心にした実にきめの細かい実践（民衆運動）を進めていることを知った私は、帰国後、川崎市の韓国教会を中心にして、そのような地域における民衆運動をやろうとしました。

私たちが目的意識的に川崎市での地域活動をはじめたのは、日立との闘いのさなかでした。朴鐘碩のように、いや自分自身がそうであったように、朝鮮人であることを忌み嫌い、なんとか現実から逃避したいと思っている同胞に対して、そうじゃない、私たちも朝鮮人として胸を張って差別という社会不義に抗する生き方をしようではないかということを語りかけ、同胞の子どもが人間らしく育ってくれることを願い、まず子ども会からはじめ、地域に根を張った具体的な同胞の実態に即した運動をしようとしたのです。

地域活動のはじまりは保育園から

在日大韓基督教川崎教会では李仁夏牧師を中心に、ただ単に教会堂を守ることより礼拝堂を開放して何か社会に役立つことをしたいという願いから、「自分を愛するように、あなたの隣人を愛せよ」という聖句をモットーに無認可保育園をはじめました（一九六九年）。桜本保育園です。当時、韓国人が経営する保育園だからというので地域の日本人の父母は子どもを送ってこないのではないか、何か国際的という印象をもたせ日本の住民に関心を持ってもらえるようにカナダの宣教師に来てもらい英語を教えようではないかと、園長の李仁夏牧師は真剣に考えていたのです。

差別と闘うこと、本名を名のることを自分の生き方として模索しはじめた私は、保育園で英語を教えようとすることの中に潜む問題点や、韓国人保母でありながら日本名を使うこと、そして日本名と韓国名の二つの名前の使い分けを当たり前とする教会と保育園のあり方を批判しました。本名使用はまず、内部の軋轢の中からはじめられたのです。

日本名を使っていた保母は、保育現場で同胞の子どもが泣きながら「ボク、朝鮮人じゃないよね」と抱きついてくるのを見て、この子たちを受けとめるには自分が朝鮮人であることを隠していてはいけないと思い至り、本名使用を決心するようになります。そして桜本保育園は、私たちと一緒に日立闘争に関わる中で、「民族保育」をめざすようになるのです。同胞の子どもには全員、本名で呼ぶことが方針化され、日本の子どもたちと一緒に朝鮮の歌や挨拶の言葉が教えられるようになっていきました。子どもたちは何の抵抗もなく朝鮮名を呼びあいました。

民族クラスができるということは必然的に、日本人クラスができるということを意味します。隣人を愛するというキリスト教精神を掲げた桜本保育園は、ベテランの日本人保育士を中心にして障がいをもつ日本の子どもを受け入れ、その子どもたちを見守ることを日本人クラスの柱にしていきます。

このようにして桜本保育園は、川崎南部の労働者の街で在日が多く居住する桜本地域で、キリスト教精神を掲げる社会福祉法人「青丘社」の公認保育園となり、地域での信頼を勝ち取っていきます。

私はRAIK《レイク》の主事として地域活動に没頭しながら、青丘社の韓国人主事という肩書を得て、地域の中の差別問題を取り上げて青年やお母さんたちに働きかけることを自分の仕事としてきた自分自身の生き方としてきたのです。

地域活動の成果

日立の就職差別を考える保育室での地域集会では朴鐘碩の歩みが語られ、保育園の実践が報告されました。その集会に参加した同胞の父母の中から、同じ地域に住んで日本の人たちと同じように税金を払っているのに、法律では児童手当の対象者は日本人に限られ私たち韓国人がもらえないようになっているのは差別ではないかという声があがりました。当時の私たちには外国人は児童手当の適応外であることが差別であるという認識がなかったのです。しかし地域住民の話を聞き、人権は法律より重いということを思い知らされました。そして川崎市長に要望書を出すことを決定しました。行政闘争の始まりです。

どうして外国人は市営住宅には入れないのか、児童手当はもらえないのか、日立直接糾弾闘争と並行して行政闘争は進められました。

当時の川崎市長は、私たちの要望を受け容れ、法律は日本国籍者に限るとなっているものを、川崎の外国人については国籍条項を撤廃して市の責任で児童手当を支払うこと、市営住宅の国籍によって制限する入居資格を撤廃することを決定しました（一九七五年）。そしてこの闘争は全国に波及していったのです。そして一九七九年の国際人権規約の批准と、一九八一年の「難民の地位に関する条約」の加入により年金の国籍条項も撤廃されるようになりました。

日立の就職差別に勝利したことによって、私たちは差別に抗して立ち上がれば勝つと確信するようになりました。川崎信用金庫（川信）は外国人にはお金を貸さないという噂を聞いていた私たちは、ＲＡＩＫのもうひとりのスタッフのＢ氏と相談して川信へ地域の住民を対象にした制度融資を申請することにしました。彼であれば、在日大韓基督教会総会機関の組織の職員であるというステイタスからして何ら問題にならないはずでした。

しかし案の定というか、川信は彼が外国人で戸籍謄本を出せないことを理由に融資を断ってきました。それは日立と同じで民族差別なんだと、数度にわたり銀行側と交渉をもち、差別を認めない彼らを相手に青年や地域のオモニたちが中心になって銀行で座りこみをしました。

夜になってようやく銀行の理事長が現れ、最終的に自分たちのやったことは差別であることを認め、謝罪しました（一九七八年）。

また割賦の契約で買い物をしたのに、韓国人ということで解約してきたと泣きながら訴えるオモニの声には「子供を見守るオモニの会」（以下、「オモニの会」）が呼応して立ち上がり、保育園に関係者を呼びよせ話し合いをしたことがありました。ジャックスという大手の信販会社でしたが、やはりここも保険会社が関わっており、外国人には与信を認めていなかったのです。オモニたちはジャックスに対して差別を認めさせ、ジャックスは以後差別は一切しないことを約束しました（一九七八年一一月）。

差別をしかたがないと諦めるのではなく、それはおかしいと声をあげ、実際に次々と私たちの要求が実現されていくのを目の当たりにして、私たちは大きな自信と夢を持ちはじめました。朝鮮人であることをなるべく隠して生きようとし、外国人だから仕方がないと思いこんでいたのに、国籍を超えて人権、人間性回復を求める「意識革命」が始まったのです。

桜本学園の設立

朴鐘碩を中心とした青年たちは、川崎での地域活動や日立闘争に関心をもった日本の青年たちと協力して地域での差別闘争を進めながら、子ども会活動に本腰を入れました。そして家庭訪問ということで地域を歩き回りました。

このような中で、小学校低学年部は学童保育として市からの援助を受けるようになり（ロバの会。市の委託事業。一九七六年四月）、高学年部と中学生部を併せて桜本学園を作ります。この桜本学園は、無認可から社会福祉法人となった桜本保育園を卒園した子どもたちを見守っていこうということでできあがったもので、私たちの地域活動の核でした。

一方、保育園に子どもを預け本名を名のることを求められ当惑したり、抵抗したりしていたオモニたちは、日立闘争の勝利と様々な地域闘争を目撃し自ら参加していく中で、自分たち自身が本名を隠さないで生きなければならないと思いはじめるのです。

彼女たちは「子どもを見守るオモニの会」を作り、子どもが本名で学校に通うことの苦しさを訴えて教師たちの協力を求めようと必死に働きかけるようになります。小学校側の無関心と無知の壁は厚いのですが、それでも何か子どもに関する講演があると、担任の教師にも来てもらおうと何度も何度も声をかけたのです。

彼女たちは民族の歴史を学びはじめます。民族舞踊も習います。そして、自分たちの文集を出していくのです。自分が経験したようなつらいことは、わが子には経験させたくない。この子には差別に負けないで、朝鮮人として胸を張って生きていってほしい、自分の能力を目一杯発揮していってほしい……。

私はこのようにして民族運動としての地域活動を提唱し、差別との闘いを民衆運動として位置付け、日立闘争の勝利をバネにして、行政闘争や個別の差別闘争をすすめながら同胞青年や地域のオモニたちと一緒になって地域活動に全力を注ぐようになりました。

地域の実態――生活実態としての民族差別

障がいのある子どもたちを受け入れ地域住民の信頼を得てきた桜本保育園は、川崎市の認可保育園となり、同胞の子どもにはもっと民族文化に触れさせてあげたいと民族クラスを作るようになりました。

その民族クラスは、私の留学で一緒に韓国に行きソウルの幼稚園でボランティアとして働いた経験をもつ妻の曺慶姫《チョウキョンヒ》が担任になりました。クリスマス会で同胞の子供たちが韓国語でオペレッタを演じ、歌や演技を披露したときの感激は未だに忘れることはできません。

桜本学園を立ち上げた私たちは、朴鐘碩と同胞の青年、そして日本の青年ボランティアと一緒になって、高校受験を控えた在日の中学生たちを追いかけました。彼らを引率して合宿に行ったとき、彼らが現地で全員、雲隠れするような事件もありました。高校を留年した同胞には自宅で寝泊まりさせ、ようやく卒業させたこともありました。このようにして地域の実態を知れば知るほど、民族差別は制度ではなく生活実態であるということを、私は思い知るようになるのです。

私たちの行政闘争を追うように既成民族団体は全国で行政闘争をはじめました。日本人と同じ税金を払っているのに、国籍条項で差別され同じ権利が保証されていない。だから国籍条項の撤廃を訴え行政と交渉を行う。そして朝鮮人を排除する制度が差別なのであるから、そういう制度をなくすことが差別をなくすことになっていく。また若い人は民族的な自覚、プライドを持つべきであり、本名使用は韓国の国威の発露とともに当然視されていく。共和国の在外公民だから、韓国人だから——。

しかし私たちが地域で見た実態は、そのような建前、観念が通用する世界ではなかったのです。

例えば一人の同胞子弟の抱える問題を考えてみましょう。その子は非常に繊細な神経の持ち主ながら学校の成績は悪く、学校で暴力をよくふるう。この子どもの父親《アボジ》は町の小さな鉄工所に勤め、母親《オモニ》はパートに出ている。もちろん子どもたちは日本名で通学する。両親とも本名で働いているはずはありません。学校の教師にとっては、手のかかる子どもでしょう。ある日その子がまた暴力をふるい、クラスの子を泣かせたとしましょう。教師は当然その子を叱り、そして一応は理由を聞くでしょう。しかし彼は何も答えません。実は、クラスメートが朝鮮人の悪口を言い、朝鮮人は朝鮮へ帰れとやったのです。教師は、朝鮮人であるが故に差別をしたことなど一度もなく、それどころか朝鮮人子弟に対して誠実に、日本人子弟と全く同じように、「日本人として」教育をしているのです。

「朝鮮人は堂々と本名を名のって生きるべきだ、たしかにその通りだし、われわれもそう思います。しかし、あの同胞子弟に何と言って本名を名のらせるのでしょうか？　一体誰が彼を受けとめるのでしょうか？　その子どもの通う学校の教師に誰が、どういう資格で話しに行くのでしょうか。いや、そもそも子どもの隠された痛みを誰がわかちあうのでしょうか。あんなに親しく遊んでいる友人にも、自分が朝鮮人であることの苦しみを話せないでいる彼、本名で学校へ行けといったら必死になって抵抗し、逃げ、涙をボロボロ流しながら、実はと心情を打ち明ける彼。われわれの周りにはこのような同胞子弟が多くいるのです」（「在日朝鮮人の主体性について」第五回民闘連全国交流集会『特別基調報告』より）。

分数のできない子、アルファベットのわからない子。この子たちはどんな思いで五〇分の授業を我慢して受けていたのでしょうか。非行、貧困、将来への展望のなさ。行政の差別はこのような同胞の実態を固定、拡大するのであって、国籍条項がなくなったからといって（制度が変わったからといって）生活の実態が変わるわけではありません。民族差別とはまさに生活実態ですから、民衆自らが権利を求め、闘い、自分自身の状況を変革していく主体になっていくことでしかこの差別の現実は変えていくことはできないのです。

民族差別と闘う砦

生活実態に肉薄するためには「民族差別と闘う砦」を作らなければならない、保育園や学園を核として、地域で差別と闘う砦を作ろう、そこから行政や学校へ動きかけよう、地域の人達の生活の安定、気の遠くなるような話です。でもそれが地域での差別と闘う民族運動なのです。民衆の運動として地域活動をやっていこう。私は先頭に立って走り続けました。

その時、桜本保育園には小杉尅次副牧師が主事として保育園公認化などのすべての実務を担っていらっしゃいました。私は保育園と学園を青丘社の核として民族差別と闘う砦としていくには、朝鮮人自身が運動の当事者となるべきではないか、そのためにはどうしても朝鮮人主事が必要だと訴え、私自身が青丘社の主事になりました。

一方、［朴君を囲む会］を担ってきた日本人の学生達は卒業後、それぞれの方向に歩みはじめましたが、何人かは川崎市に残り、市の職員になったり塾を開いたり、運送会社に勤めて労働組合を作ろうとしていました。

桜本学園のボランティアの中では韓国人、日本人のそれぞれの使命は何かということが追求され、副牧師の小杉さんは保育園の法人化という大変な仕事を終えてドイツに留学に行かれました。専門的な保母として日本人クラスを受け持つことになった夫人とともに地域のお母さんたちから信頼されていた小杉さんは、日本キリスト教会協議会（ＮＣＣ）の責任者になって多忙な李牧師に代わり青丘社の日常の実務を引きうけ、実に献身的な働きをされた社会福祉法人青丘社設立の功労者でした。

義父の死後スクラップの会社を継いで

義父が亡くなったのはちょうどその頃でした（一九七六年四月）。義父は同胞従業員四、五名を雇った小さな鉄くず回収の会社を経営していました。私は、民族運動は政治スローガンを掲げた観念的なものでなく、足下の現実に肉薄する具体的なことからはじめなければならない、民衆とともに民衆のための運動をしようと提唱し、その先頭を切って走っていたのですが、しかし私には、自分の最も身近にいた人の苦しみがわからなかったのです。「運動」にそれも

「民衆運動」に没頭していながら、私にはすぐ近くの生きた民衆が見えていなかったということです。私自身、観念的なものの見方に陥っていたに違いありません。

義父は私たちのやっていることをいつも黙って見ていました。日立に勝って朴鐘碩が戸塚工場に入っていくところが夜の七時のＮＨＫニュースで報道されるのを見て、「参った、参った」と笑っていました。長女の婿になる青年が日立を相手に裁判か何か一生懸命やってるなということを知り、「天下の日立に勝てるわけがない」と言っていた義父です。それがあろうことか、日立に勝ってＮＨＫニュースに出ているではないか、大したもんだ……、そんな思いだったようです。私は結婚の一年前から居候をし、義父とは毎日夕食時、一緒にお酒を飲んでいました。

義父の葬式の後、私は義母から残された会社を手伝ってほしいと言われました。その後私は主事を辞め義父のスクラップの会社を継ぎたいと伝えました。長男はまだ高校生で、だれも会社を継ぐ人がいなかったのです。

義母は当惑していました、勉強と「運動」しか知らない坊ちゃんにできるような仕事じゃない。しかし私はすぐに手形と小切手を解説する本を買ってきました。そして自分でトラックに乗ってスクラップの仕事をはじめるようになったのです。毎朝五時前に起き、義弟と造船所の鉄くずの回収に横須賀まで行きました。

民族差別と闘う砦づくり

桜本学園では後任の主事に同胞の後輩たちが入るようになりました。スタッフが足らず、嫌だというのを無理やり懇願して主事になってもらったこともありました。私は、夜スクラップで汚れた作業服のまま四トン半の大きなトラックで乗り付け、時間の許す限り学園の現場に顔を出し、みんなを励ましていました。しかしそのうち、学園ではいろいろな立場や考え方の異なるボランティアが多くなり、混乱がはじまっていました。日立闘争を経験していない、ただ地域問題に関心がある日本の青年たちが増えはじめたのです。

そのとき、川崎市の奨学金制度における民族差別が発覚し、青丘社でもこの問題を取り上げ闘争が組まれることになりました。「青丘社運営委員会設立の経緯並びに趣旨書」（一九七七年一一月五日）にはこのように書かれています。

> 青丘社の仲間も日を追って多くなり、規模も拡大してきました。しかし、実践の深まりと仲間の増加に伴って地域のさまざまな問題点が羅列化され、それが私たちの仲間の力を分散させる結果を引き起こしました。……青丘社は地域の諸問題を解決してゆく糸口すら見出させないままになりました。

私は「民族差別と闘う砦」という位置付けを明確にし、地域の実態に肉薄する運動体にしなければならないと主張し、「民族差別とはなにか」という討議資料を作り、奨学金闘争を通して地域活動の全体像と目的をはっきりさせようと必死になって議論をしました。

「青丘社運営委員会設立の経緯並びに趣旨書」の中では以下の確認された内容が記されています。

川崎における社会福祉法人 青丘社は、

①民族差別と闘う場である。

民族差別は抽象的でなく、常に具体的に存在する。民族差別は人格を破壊し、人間を非人間化する。故に、日立闘争の地平をうけ、具体的な地域において民族差別との闘いを展開する。

②朝鮮人と日本人との共闘の場である。

民族差別との闘いは朝鮮人による朝鮮人のための闘いではなく、朝鮮人と日本人による地域解放、人間回復の闘いである。

③地域に根ざした実践団体である。

民族差別との闘いは教育、福祉、労働など全般的に全地域内において行うが、現在は教育実践を最優先する。

④現段階においては、社会福祉法人のもとに桜本保育園と桜本学園がおかれている。

保育園・学園（ロバの会・中学生）は、民族差別を子どもたちの具体的状況（低学力・非行・

無気力・貧困など）の中でとらえ、地域の実態に即し、家庭・学校と関わりを強め、民族教育（差別と闘う教育、人間性回復の教育）を行う。

以上をもとに、青丘社に関わるすべての組織、個人の力を結集させ力量の拡大と内実を深めることを目指す責任あるものとして、全体討議の総意に基づいて運営委員会を設立する。

奨学金闘争を進める中で、保育園・学園全体を統括していく場の必要性がようやく共有化され、運営委員会を発足させ、保育園、学園の運営のあり方や差別闘争の進め方を討議していくことになりました。運営委員会はキリスト教理念を掲げる理事会の承諾のもとで出発しました。民族差別と闘う砦であることが社会福祉法人青丘社において正式に容認されたのです。私は初代運営委員長に選ばれました。

第五章　川崎、桜本を離れて

私は義父の残した会社を潰さないように、会社を維持していくための新たな仕事を探していましたが、運営委員長として桜本保育園・学園を核とする運動体が民族差別と闘う砦としてどうなっていかなければならないのかをめぐり、職員、主事それに多くのボランティアたちと議論をたたかわせていました。しかし実社会で働きはじめた私は、「運動体」としてお母さんたちを啓蒙しなければならないという使命感をもつ保育園に徐々に違和感を持ちはじめていました。その使命感で、地域の住民から学ぼうとするより、上から教えようとする体質（組織）になってきているのではないかと感じるようになったからです。

お母さんたちの思いや苦しみ、悩みを聞き一緒にそれらを解決していこうとするより、子どもの問題点を指摘することや、遅刻する親（私たちもレストランをやりはじめた当初は常習犯でした）には厳しく、汚れた洋服を指摘する様子が目につきだしました。地域のお母さんたちは子どもを預かってもらっている立場から保育園には面と向かっては何も言えなくとも、様々な思いをもっているようでした。

父母会会長の悩み

元民族学校の教員であった同胞のＹさんが、父母会の会長として民族差別の問題を父母会の中で考えていく活動をはじめると、彼女は途端に周りから浮き上がり、心痛で脱毛症にまでなりました。地域の日本人のお母さんたちだけでなく、韓国人のオモニたちからも本音が出てきたのです。苦労しているのは朝鮮人だけではない、民族差別と闘うということがよく言われるが保育はどうなっているのか、文字やハーモニカ等も教えてほしいと言ったら、ここは（キリスト教精神で）子どもの「器」づくりをする所だから、そういうことを望む人は他の保育園に行ってくれと言われたなどの不満や意見が出てきました。

父母会の会長が悩んでいるので相談に乗ってほしいと、子どもを見守るオモニの会会長のSさんが、その年退職した妻の曺慶姫に相談に来ました。曺は会長のYさんの悩みを聞くうちに、桜本保育園の保育内容に関わる重要な問題だと思い、そのことをYさんと共に保育園に伝えようとしたのですが、保育園側は「保育園に文句をつけてる」と反発し、はねつけるばかりでした。そこで父母会三役を含め五人の保育園のお母さんたちが一緒になって毎晩のように話し合い、保育園のあり方に問題を投げかけるようになりました（曺慶姫「「民族保育」の実践と問題」『日本における多文化共生とは何か』新曜社）。

そして毎晩遅くまで夫に叱られながらも集まり議論していたお母さんたちは、保護者でもある元保母の曺も入った五人の連名で保育園に問題提起する「呼びかけ文」*を作り、自分たちの気持ちを聞いてほしいと、教会の礼拝堂で集会をもつようになりました（一九八〇年一二月九日）。

私はとにもかくにも彼女達の言い分を聴き、保育園・学園全体は絶えず地域住民の声に耳を傾けていく体質にならなければならないと考えていました。また牧師が園長と兼任で園にボランティアのように関わるのではなく、園は園長が責任をもって専門職として保育園の運営にかかわり、父母の思いを受けとめていく体制を作らないとやっていけないのではないかと主張しはじめました。

しかし残念ながら、このことが李牧師をして私が教会から自分を追い出す画策をしているという不信感を持たせることになってしまいました。私は運営委員会の一任を受けて、お母さん達の問題提起をどうするかを運営委員会として提示するため、できるだけ多く青丘社のスタッフやボランティアの青年たちと会い、お母さんたちの思いをどう受け止めるべきかについて連日、長時間話し合っていました。仕事の合間に、主事や職員、ボランティアの青年たちと精力的に会い、お母さん達の批判を受けとめることの重要性を説いたのですが、かえって私がお母さんたちの後ろにいるという噂や誤解が渦巻くようになり、私に対する糾弾集会が持たれる事態になりました。

＊『12・９集会へのよびかけ』

日時・12月９日（火）　時半より　場所・青丘社桜元保育園礼拝堂にて

主催・青丘社桜本保育園父母会有志

以下のような主旨、経過にもとづき、12・９集会に参加してくださるよう呼びかけます。

（１）12・９集会の主旨

「この日本社会の中で、在日朝鮮・韓国人が根なし草としてではなく、民族の自負心と誇りを持ち、子供が〝本名〟でどこでも堂々と生きてけるような土台をつくっていかねばならない、と切実に思う。私も主婦であり、母である自分のその生活の場で、これからもまたくじけながらも一歩一歩、歩みたい。」

これは青丘社桜本保育園にわが子を入園させ、そのことによって自分自身も民族の誇りに目覚めていったあるオモニの声です。そしてこうしたオモニたちの姿に胸をうたれ父母会の中で共に行動してきた日本人の母親がいます。私達はこの中で互いに子どもを育てる上での悩みや喜びをわかちあってきました。

そしてまた「青丘社運動が、民族差別を日常生活の中で見抜き、闘うことによって新しい日本人と朝鮮人の関係をめざし、この青丘社が地域の中で、親、子ども、青年だれにとっても闘いの砦として存在する」という青丘社の原則にふれる時、わが子を保育園に通わせ、この地域で生きていく母親として、私達も何かの形で協力し、仲間となり、心のよりどころとしていこうという気持ちで、ささやかではありますが父母会の中で頑張ってきました。

しかし、今その青丘社のかかげる原則が実践を通じて地域のオモニ、アボジたち、日本人父母たち、子供たちの中で息づいているでしょうか。少なくともそのことにむけて着実に砦の基礎がかためられているでしょうか。

一つの例として今年4月に本名で入学したMという女の子をめぐって考えてみたいと思います。事態の説明が少し長くなりますが、このできごとを皆さんはどう受けとめられるでしょうか?

桜本保育園在園時のMについてオモニはこう語ります。「年長になった時、担任の保母さんから、〝感受性が強いからこれから楽しみです〟といわれてとてもうれしかった。ところが今年の1月になって〝なわとびをする時ちゃんと並べないで皆におこられる〟、〝やることがおそい〟、〝年長なのに本をよめない〟、と年中さんに言われていると担任に言われショックだった。そして、自分の責任を感じると同時に、園に対し保母さんに対して、〝民族差別と闘っていくと言いながら、ちゃんとできない子、遅れた子に対してどのような助けがなされているのだろうか？〟と疑問に感じた。でも、卒園を目前にして〝もう遅い〟というあきらめの気持ちもあったし、〝一人だけ特別に手をかけることはできないから……〟という担任の言葉に自分自身の不安や失望は抑えて〝学校にあげてからちゃんと見守っていこう〟と思うしかなかった。」

ところが、入学してからのMの置かれた状況は考えていた以上に問題が多く、家でも明るさが失われていきました。6月末に担任の教師から「今の子どもは創造力や理解力が失われているがMもその傾向がある」と指摘を受け、自分でもそのことに気付いていたオモニは何とかしなければという気持ちでいました。そうした指摘を受けた翌日、たまたま桜本保育園父母会主催、園共催の講演会があり、「親の生き方、子どものしつけ」というテーマでの鈴木祥蔵先生（乳幼児発達研究所長）のお話にふれることができました。Mのことで悩んでいたその時のオモニは一つ一つの話にひきつけられ、その後鈴木先生を囲む話しあいの席で「今、うちの子がこういう状況なんだけれど、先生はどう思われますか？」と質問しました。それは母親としてMを明るい気持ちですごさせるために何とかしなければ、という切実な気持ちのあらわれでした。

しかし、このことが保母さん達に「自分たちを責めている」あるいは「他のお母さん達がいる前で園を責めるようなことを言った」と受け止められ、園長先生から「保母さんたちは、私たちにうらみでもあるんだろうか?と悩んでいる」と言われる事態となりました。

―中略―

青丘社には多くの子どもが集い、それぞれが悩みをかかえていることから「一人だけに特別に手をかけられない」ということがあるかも知れません。しかしその全体の為に一人の子どもの悩みが見過ごしにされるとなれば、それは何をなすための全体でしょうか。青丘社に何十、何百の人々が集まって来ても、一人の子ども、一人のオモニの苦しみや涙をわかちあうことができなければ誰の為の人々でしょうか。

保母さん、青年たちが毎日忙しくて取組めないのかもしれません。しかし、「忙しさ」が、一人の子どもの苦しみを徹底して明らかにし、それを取除いてやることを妨げているとすれば、その「忙しさ」とは何でしょうか？

――中略――

私たちのねがいは一人の子ども、一人のオモニ、母親の悩みをともにわかちあい、この地域の中で必要とあれば争いごとをかかえてもその悩みをなくす為の実践をつみ重ねていく、そのような青丘社に集うことです。その為に一父母として何ができるのか、またそうした青丘社の中で父母会の役割は何なのか、ということを青丘社に集うすべての人々とともに話し合いたいと思うのです。

これが集会の主旨の一つです。

(2) これまでの私たちの歩み

☆父母会の自立をめざして

昨年3月の卒園式で卒園後も韓国、朝鮮人の子どもたちが差別に負けないよう皆で見守ってほしい、という話に対し、日本人の母親がソッポを向き、しらけ切っているという状況があった。事実、卒園すればまったく関係がなくなりあいさつもしなくなる父母もいたり、ロバの会に来る子どもも少ないことから、地域の父母とのつながりを強める為に父母会を何とかしよう、という園の方針が決められた。

その第一歩としてヨンジャに会長を依頼する。会長となったヨンジャは、これまでの役員会の行事主義を克服し役員間の相互のつながりを深めて、オモニ、母親の悩みを語りあえる父母会にしたいと暗中模索してきた。

しかしその試みに対して、当初保育園から「浮き上がっている」「独走だ」という批判が出されたり、父母会の進行を父母に任せきりにする放任的なやり方があった。父母会の自立をどう位置づけるか、その為の具体的方針が示されず、ヨンジャは園側の青写真を示してほしいと思っていた。

☆問題提起

こうした現状を打開する為、昨年夏ヨンジャは保母さん達への問題提起を行った。その主な内容は、園は父母会の自立をどうつくりあげるのか、保母さん一人一人はどうとらえているのか、ということだった。またその中で母親の声として、「民族差別と闘うというスローガンが先行して実質的な保育は深められていないのではないか」「知育の面において教えてもらえないのはどうしてか」「数字、ひらがな、ハーモニカ等教えてほしいが、そういう人は他の保育園か幼稚園に行って下さい。ここでは〝器づくり〟をします、と父母会の席で言われた。」等の疑問や要望もあわせて伝え、このような声を受けとめてほしいと要望した。

――中略――

そして再び、今年2月保母さん達との話しあいを行う。その中で園側から「自分達はバラバラだった、これからはまとまって行きたい」「保育の内実がなかった」という返答があった。しかし父母会で共にどうするのかについての具体的対策は提示されなかった。４月の役員交代に際して園側からの働きかけ、意見を期待したが、父母側で決めていかなければならない状態であった。

☆地域のオモニ、母親とのつながりを求めて

第１回目の問題提起のあと、自分一人では受け入れてもらえないと感じたヨンジャは、仲間作りをしようと思った。それは自分のおもいに耳を傾けてくれる人がほしい、ということと同時に、父母会の自立という課題を話しあい、自立にむけての一歩一歩を実践していくスタッフ作りという意味だった。役員会がその役割を果たすには未だ役員相互間で一致できない状況の中で、この仲間づくりは必要なことであった。ヨンジャは、スリョン、進藤、キョンヒ、チョンジャさん、宮崎に呼びかけ、この会はいつの間にか「6

人会」という呼び方になった。チョンジャさんは保育園の職員であるという立場上、後にぬけることになるが、「6人会」は青丘社主事である三浦先生をまじえ、地域の父母の声を反映させる父母会づくりを目ざしていった。

また、昨年6月、進藤、宮崎が呼びかけて、日本人父母の自主的な集まりである「カンガルーの会」が作られた。それは「ジャックス糾弾闘争」の集会に参加し、差別の問題が日本人自身が考えていかなければならないことだと感じたこと、また「オモニの会」のような場が日本人の母親にもあっていいのでは、と考えたことが契機であった。

園側より日本人保母や三浦先生にも参加してもらい、月1回の集まりを持った。この会では日本人の母親の普段聞かれない声も聞かれ、また働きながら子育てをする上での悩みを語りあい楽しい場がもてた。そして「オモニの会」保母さん達との交流も予定していた。しかし後に述べる「朝鮮人攻撃の場になってしまうのではないか?」との園の懸念があり、またいろいろ出かけることが多くなって負担なので父母会に力を集中した方が良い、という声なども聞かれるようになった。このことをめぐって「6人会」の中では何度も話しあい、時にはケンカもしながら検討した結果として「カンガルーの会」は発展的に解消することになった。父母会の自立、とともに、父母会を楽しく、気軽に参加できるような場にしていくことに力を集中していこう、ということになったのである。

そして私たちは今年3月、青丘社合宿に参加し、地域の母親として、青丘社運動をになっている人びととふれあうことができた。

☆今年度に入ってから

父母会の会長はヨンジャから進藤へバトンタッチされ、父母会の自立をめざすオモニ、母親が役員のメンバーに入って４月からの父母会の歩みが始まった。進藤は楽しく、参加してよかったと思える父母会作りをめざそう、あまり負担になってしまうことは避けようということで園側との協力関係を密にしていこうと考えた。

６月末、父母会主催で講演会を行ったが、それをきっかけに再び保母さん達と話しあわねばならなくなった。それは「解放保育に学ぶ」ということが保母さんたちの間で言われているが、講演会に向けての保母さん側の準備不足が感じられたこと。当日、しんどい中を遅くまで鈴木先生を囲んで話をした母親の熱意がくみとってもらえていない、またＭという子どものことで質問したオモニの気持ちを保母さん達に理解してもらいたい、ということであった（事実経過として不十分な点もありますが、当日補足します）。

（3）私たちの思い

再びＭのことが出てきたところでもう一度、今回の集会の主旨に戻りたいと思います。この集会のもう一つの主旨は、私たちの現在のおもいを皆さんに聞いてもらいたい、いや単に私たち限られた数名だけでなく、他の、この地域で生活し保育園にかかわっているオモニ、母親たちの声を聞いてほしい、ということです。

今までの私たちの歩みの中で、私たちは青丘社に対しいくつかの疑問や怒りを感じざるをえないのです。

昨年「６人会」を作った時、この会に対して園側から「６人会という名では他の人が入れなくなる」とか「なぜ役員会以外にそのような会を作ったのか」といった非難があり、私たちの目ざす所をくみ取ってもらえませんでした。地域のオモニ、母親の自主的な試みに対して適切な指導をすることなしに単にケチをつけるやり方、そしてその意図にあらぬ〝憶測〟を勝手に生じさせて地域の自立の芽をつみ取ってしまうやり方に私たちは不信の念を持つのです。

―中略―

第一回目の話しあいで「アンニョン」というあいさつをめぐって母親から疑問やとまどいの声が出されたり、「気をつけ、礼」というのを朝鮮語でやるので小学校に入ってから当分自分の子が「礼」ができなかった、その他にも朝鮮語の歌を意味もわからず歌わせられている、といった不満が次々と出され、今まで聞こえてこなかった日本人側の声が聞こえてきました。よびかけ人の二人は日本人の抱いている差別感の根深さに驚きもしましたが、そうした声をこの地域の現実とうけとめて園の先生とも協力しながらこうした重い現実を一歩でも克服しようと思っていました。当面お母さん方が気軽に日々の子育ての苦労話を言いあえる会にしよう、ということで回を重ねていきましたが、ヨンジャより「父母会をこそ、そのような楽しい、何でも話せる場にしていこう」といった働きかけがあり、保母さんからは「差別の現実は日本人だけで話しあっていても認識できない。朝鮮人と日常的にふれあう中でしか気がつかない。日本人だけの集まりだとどうしても差別を頭の中でだけ理解したり、ヘタをすると差別を助長するような傾向が出てくる」という「カンガルーの会」について否定的な意見も聞かれたことから「6人会」の中で何度も検討しました。最終的に園から「朝鮮人攻撃の場になるのを恐れる」という意向が表明され、一方「6人会」中でも父母会の自立に力を集中するということで「カンガルーの会」の発展的解消を決めました。

この間、最初の「是非やって下さい」から「朝鮮人攻撃の場になるのを恐れる」と園側の意向が変化していったのは、第一回目の会合で出された父母の声からかも知れません。しかし青丘社としてそのことはむしろ当初から予想できなかったことではないでしょう。私たちはその中で出された園の保育への疑問や不満を「日本人の母親の現実、生の声」としてとらえず、単に「朝鮮人攻撃」としてとらえることには反対します。私たちはありのままの現実をしっかりと見すえ、それと苦闘することでしか現実を克服できないでしょう。「差別はいけない」というお説教を何百回したところで現実は変わらないでしょう。

「アンニョン」というあいさつをなぜ日本人の子どももするのか？「イェ」という返事から日常的な単語にも朝鮮語を使っていること、民族的な行事をともにやっていくこと、朝鮮の歌をうたわせること―民族文化の注入という園の方針に対する素朴な疑問（もちろん、日本人としてこの根深い差別感がその底には横たわっていることを十分認識した上で）に対して、納得のいく説明がなされなければ、この地域で真の意味での日本人との共闘関係は作り得ないのではないでしょうか？

このような不満に対して「園の教育方針ですから」との一言で片付けられてしまえば、疑問や不満はじっと胸の中にしまい込み、園との関わりがある何年かは〝表面上のつきあい〟をしていても、卒園すれば「せいせいした」ということであいさつもしなくなってしまう……。これでは何十回「隣人を愛せよ」「人間は皆平等だ」と説いたところで、馬の耳に念仏を唱えるようなものだし、根深い差別の現実をうがつことはできないと思います。

今年3月の青丘社合宿においても、私たちの1年間の問題提起が公の場で討論されることなく、保育の分科会にも参加できなかったのは何故でしょうか？「批判は批判として聞いておくが、とりあえずそれはおいておいて内部がためをしてから、その批判に答えられるような自分たち内部の主体作りをしてから」という青丘社の悪しき体質に原因があると思います。真の闘う主体とは、ありのままの現実に眼をそらさず、それにキチンと取り組むことによってしか作られないのではないでしょうか。そのようにした時、たとえいったんバラバラに解体されたとしても、そこから必ず、再生―新たな、より豊かな再生への道が開けてくると思います。そのことなしに「あるべき民族差別と闘う保育理論なるもの」が生まれてくると考えるのは幻想のように思えてなりません。

また「カンガルーの会」の日本人の母親の発言とも関連しますが、今まで出された父母側からの要望―

「ハーモニカ、文字など教えてほしい」という声に対しても、それを「教育ママ的な発想」として一蹴し、抽象的な「器作り」ということでしか答えないことにも私たちは批判をしてきました。

それは「教育ママ的」というよりはむしろ、「差別」が〝文字が読めない〟、〝○○ができない〟、〝おそい〟といった形で現在の学校の中で一層助長されていくことに対する、父母のできるせめてもの〝自衛策〟なのではないでしょうか。現在の学校制度の中では自分の子どもが差別を受けない為にはやはり「学力」においておちこぼれないことをねがうのは、親として無理のないことなのです。

そのことを「あさはかだ」と一蹴するのはいとも簡単ですが、その親の悩みと同じ地平に立って共に悩み、どうすればよいか、と考えあうことをしなければ差別の中でがんじがらめにされている地域の父母たちのよりどころになることはできないと思います。

最後に今までのべてきたような私たちの歩み、青丘社への問題提起が「○○さんにあやつられている」「○○さんのさしがね」と受けとられていたことには残念、というよりやり場のない怒りを感じています。講演会後、7月に問題提起を行う前から私たちの耳には「父母会の背後に○○がいると青丘社の人達は思っているらしい」という噂が伝わってきていましたが、問題提起の席上、保母さんたちのことばにそれが感じられてなりませんでした。私たちはそうした見方しかできない青丘社内部に「自分によせられた批判を、一人の人間を非難することでそらしてしまう」責任転嫁のやり方を見、失望せざるをえません。

―中略―

ともあれ、私たちは試行錯誤し、遅々としたものであれ精一杯考え、やれることをやってきました。これからも地域のオモニ、母親たちとして、歩んでいくことに変わりありません。この集会では、私たちのおもいを聞いてもらい、その上で父母会の自立にむけて何ができるのかを青丘社の皆さんと一緒に考えたいと思っています。

——以下略——

１９８０・12・5

よびかけ人　進藤礼子　余令子　金洙蓮　曺慶姫　宮崎節子

お母さんたちの問題提起へ

お母さんたちは保育園・学園関係者に「民族差別と闘う」というスローガンよりも一人ひとりの子どもをしっかりと見守ってほしいという呼びかけの文書を配布して、自分たちの思いを涙ながらに教会の礼拝堂に参加した人たちに伝えました。しかしその日の集会のすぐあとで父母会会長のＹさんは園長から、崔君がこの集会をやるように言ったのかと尋ねられたというのです。彼女はせっかく自分たちで話し合って保育園に要望書を出して問題提起したのに、それに対する意見や自分たちへの慰めや激励の言葉もなく、ただ崔さんのことだけを聞かれたと涙を流して悔しがっていました。

私は曺やお母さんたちから彼らの問題提起の内容を聞きながら、私たちが目指してきた運動と大きくなってきた組織のあり方に、何かこれまで気づかなかった根本的な問題があるのではないかと思いはじめ、彼女たちの問題提起を受けとめ青丘社内部全体の問題にしようとしたのです。

桜本保育園（青丘社）は差別と闘うことを掲げた在日のためのもので、在日が「主」になっており、日本人はそれを見守り支える「従」的な存在となっていました。日本人父母は傍観者的な立場にならざるをえず、絶えず地域社会における在日の差別問題の提起と在日の置かれた状況が取り上げられることへの反発から、いろいろな問題が噴出して父母会会長は苦しむようになったのではないか、私はこのように考えたのです。

子ども一人ひとりを見守るという基本的な考えは保育園や青丘社全体で共有化してきたつもりでしたが、どうしても差別に負けない子どもに育ってほしいという私たちの熱い思いが民族というものを強調する保育内容や、組織の在り方に出てきているのではないか。在日の生活の大変さや差別の実態を聞かされても地域の日本人父母からすれば、私たちの子どもと私たちの生活の大変さはどうなるのよというように思ったのではないだろうか。

曺は元保母として、桜本保育園の保育が一人ひとりの子どもを見守り育てる内容になっていたのかということに思いをめぐらし、私は青丘社の存在意義、組織の在り方を捉え返さなければならないと認識するようになりました。いずれにしても地域のお母さんたちが自発的に提起した問題を青丘社の一人ひとりがしっかりと受けとめることが先決であることを、私は主事たちや職員、各ボランティアに精力的に（時には徹夜をして）話しかけ、説得を試みました。

保育園のお母さんたちが連日のように夜遅くまで話し合いの準備をして、青丘社の関係者全員の前で問題提起をするというその前日に、「「混乱」の原因は、多くの人に説きまわり不安を惹起した崔勝久にある」と私の責任を追及する集会が開かれました。崔さん夫婦は気が狂ったと叫ぶオモニの会会長のSさんは、その時のテープを問題提起したお母さんたちに送りつけています。

私は糾弾されながら、それでも保育園の「お母さんたちから青丘社全体に対する問題提起が行われるということがわかった以上、青丘社としてどのようにして全力をあげて受けとめるかを考えるべきではないか」と一言だけ発し、何の弁解をすることなく沈黙を守りました。牧師を含め、糾弾集会に参加した人たちは私がお母さん達をたきつけていると考えたのです。

後日、青丘社の三名の主事は連名で「運営委員長」批判を公表し、運営委員長が各現場と青丘社のスタッフを「指導」するのではなく、あらゆることを自分たち仲間で議論をして決定していく「仲間づくり」の必要性を訴えました。彼らにはそう言わざるを得ない強い必然性があったのでしょう。いずれにしても現場にいない私は、彼らが主体的に、自主的にやろうとすることに反対する気持ちは全くなく、彼らにすべてを委ねようと思っていました。

お母さんたちの問題提起のあと

教会の礼拝堂の中で涙ながらに訴えたお母さんたちの問題提起のあと、しばらくして臨時の理事会が開かれ、何の議論も総括もなく、運営委員長の解任が多数決で決められました。しかしその記録は公開されていません（一九八三年三月七日）。したがって理事会の決定は運営委員長の解任なのか、運営委員会の解散なのか、定かではありません。

後日、歴史が明らかにするでしょう。

私は保育園の園長は牧師が兼任するのでなく、保育園の父母の悩みには園長が自ら出向き、正面から話し合いを通して問題の所在を明らかにしてその解決を図るべきだと主張しました。園長に問題提起したお母さんたちと話し合うべきだということを川崎教会の教会員になった朴鐘碩は李牧師に涙ながらに訴えたそうです。しかしNCC（日本キリスト教協議会）の総幹事に選ばれ対外的な仕事に忙しかった李牧師は、信頼していた崔が自分を追放しようとしていると捉え、「身内の仲間づくり」を優先してお母さんたちの問題提起を正面から受け留めようとしていなかった主事や青年たちと一緒になり、混乱の原因を作ったのは私であると考えるようになったようです。

運営委員長である私を批判する主事たちは、問題提起したお母さんたちはまもなく園児の卒園とともに保育園からいなくなるので、自分たちの「仲間づくり」は次の父母会の役員になるお母さんたちと話し合っていけばいいと判断したようです。主事や青年たちによる私への糾弾も理事会での運営委員会の解散（あるいは運営委員長の解任）決定も全て李牧師と私の同僚であったB氏が決断し承諾したと思われます。

B氏は李牧師が亡くなられた後、青丘社の理事長となり川崎市の多文化共生政策を民間人として支える第一人者になっていますが、川崎市の「当然の法理」による外国人差別の制度化・構造化に関しては一切発言を控えているようです。しかし外国人差別を制度化・構造化する「当然の法理」の問題を等閑視して差別のない街づくりをするというのは、まったく矛盾した話です。「当然の法理」の問題点を公開で議論しあうことが今後の川崎の市民運動にとって、また行政の立場からしても、必要不可欠であると思います。Ｂ氏と青丘社は公開で一般市民を交え、行政とこの問題を議論しあう場を自ら作り、日本の地方自治体として初めて、「当然の法理」の問題点を市民の立場から解決していく機会を作ってくれることを願ってやみません。

義母を含めた私たち家族は、地域活動や教会からはじき出されるようにして離れることになりました。そのときの私たちの生活は慣れないレストランをはじめたばかりで、三人の子どもにまともに夕食を与えられない状況でした。ある日長女が「寂しい」とつぶやくような生活だったのです。義母にしてみれば、私たち夫婦が寝る間も惜しんで、どうしてそんなに保育園のことに熱心に関わろうとするのかと思ったことでしょう。

七〇年代に川崎で全力を尽くして提案し実践してきた青丘社の「民衆運動としての民族運動」「民族差別と闘う砦」づくりの流れから、結果として私たちは離れることになりました。保育園は集団主義保育による仲間づくりを進めていくという方針を出し、青丘社は多文化共生を掲げる川崎市との関係を深め公設民営の児童館（ふれあい館・桜本子ども文化センター）を運営していくことになり、多文化共生の全国モデルになっていきます。

私は「運動体」を去り、長年私を温かく見守り育ててくれた教会からも妻と一緒に離れました。日立闘争当事者の朴鐘碩も川崎での活動には関わらなくなりました。その後、彼は日立を無事定年退職して多くの人たちから拍手で送られるようになったのですが、その彼を教会も青丘社・ふれあい館も積極的に呼ぼうとしませんでした。朴鐘碩に講演を依頼し、地域の人たちに日立闘争の実態と彼が日立に入社して以来どのように生きてきたのかということを広く知ってもらおうとは考えなかったのでしょう。日立闘争は神話化され、川崎の地域活動の原点として枕詞として語られるだけで、それはまさしく「白く塗られた墓」（マタイ二三章二七節）です。しかし彼の闘いは永遠に語り継がれることでしょう。そして必ずや、その闘いの今日的な意味が模索されることになると思います。

長年川崎教会役員であった義母はこれらのことから役員選挙で落とされ、李牧師は必死で止めましたが、やはり教会を去る決意をしました。私は義父が残した会社を潰すことなく生き延びるため仕事を探しながら3・11のフクシマ原発事故が起こるまで、日々の糧を得ることに没頭することになりました。

最後に

私はこれまで在日の運動を進める中で、二回リコールをされたことになります。第一回目は日立闘争に参加しながら、在日朝鮮人として本名で閉鎖的な日本社会に入り日本社会を変革していくことを提言したために、同化論者として糾弾され、在日大韓基督教会青年会の代表者をリコールされました。

今や時代は変わり、本名で生きることや民族差別は許されないということは社会の一定の常識になりつつあります。それでも「歪められた民族観」が現存している日本社会にあっては、本名で生きるということは当事者にとって決して簡単なことではありません。これからはさらに本名で生きることの内実が問われることでしょう。

二回目のリコールは、保育園のお母さんたちからの問題提起をきっかけにして、私が自ら提起して必死で作ろうとした「民族差別と闘う砦」のあり方を根本から問おうとしたときです。「民族差別と闘う」という観念化された運動理念より一人ひとりの子どもを見守ることを求めた保育園のお母さんたちの問題提起は青丘社からは受け入れられず、その問題提起によって青丘社のあり方を見直そうとした私は運営委員長を解任されました。そして私は理事を辞任し、運動体から去りました。

「民族差別と闘う砦づくり」は地域における民族差別と闘うための方法論である以前に、実は、私自身の生き方として求められているということが、時間がかかりましたが、ようやくわかるようになりました。その砦づくりとは、個を押しつぶそうとするあまりに大きな社会の壁、慣習の前で脅え、立ち留まる己自身がそれらを直視し変革していく主体になっていくことであったのです。在日朝鮮人にとっての民族主体性とは、やはり「個からの出発」にはじまり、そして新たな課題に立ち向かう己の生き方のことだと思います。

私は、人間らしく生きるという生き方の問題として開かれた社会をめざして足元の地域を軸としながらも、もっと広範囲にあらゆる領域で国民国家の枠を越え（西川長夫）、国際連帯運動を展開していかなければならないと考えるようになりました。

私事になりますが、私たち夫婦には子どもが三人います。三人は生まれた時から、まったく日本名がなく、韓国式の読み方で学校に通いました。彼らなりにずいぶんとつらい経験をしたようです。

長男は中三のときから一人でアメリカに留学しました。生きていく道がわからず、荒れたときもあったのですが、立ち直り、韓国のぬいぐるみ工場で現地の労働者と一緒に働いたあと、中国でしばらく働き、今は香港の会社に勤めています。独立心の強い子だから、個性を発揮して力強く生きていくでしょう。

長女は中学の時に登校拒否をしたのですが、ようやく立ち直って高校に入学し、大学入学後、結局すぐ退学してアメリカに行きたいと言い出しました。感受性の鋭い子にとっては、日本社会の他者をあるがままに受け入れない独特な狭さは耐えられなかったのでしょうか。彼女はアメリカに「生きるために行く」と言うので、私は彼女の思いを受けとめました。

次男は上の二人の挫折と逡巡、苦悩を見てきたせいかバランスが取れ、誰からも愛される人間のようです。大学には行かず、自分の考える道に進もうとしているようです。三人とも個性的で、親が望んだように自立心の強い子たちなので、自分の道を歩むことでしょう。私は彼らから、どんな問題があってもじっと耐え、受けとめ、彼らが自分の力で立ち上がるのを待ってあげる勇気が私たちに求められていることを学びました。この経験がなければ、私の提言の基本テーマは生まれなかったと思います。

最後に、私は妻にどんな感謝の言葉を伝えればいいのかわかりません。大学生のとき、川崎の教会で出会い、その後も母国留学、地域活動そして展望が見えない仕事とずっと二人三脚で歩んできました。乳がんの手術後も、保母として、素人がはじめたレストランの責任者として、母として、妻として、全力で私と一緒になって走ってきました。私のような強い個性の人間と一緒にならなかったらこんなに苦労することもなかったのではないかと思いますが、この文章にある歩みは私たちの歩みでありその記録です。彼女のやさしさと激励がなければ、私はとてもここまで歩んで来ることはできなかったでしょう。ありがとう。

なお母さんたちの問題提起については、「一二・九集会への呼びかけ」（一九八〇・一二・五）をお読み下さい。また民族保育については、桜本保育園の設立当初から保母として勤めながら、お母さんの問題提起に触発されて彼女たちと一緒に行動し一人ひとりの子どもを見守る保育の重要性を提起した、曺慶姫「桜本保育園の「民族保育」を考える―自立を求める歩みの中で」『日本における多文化共生とは何か―在日の経験から』（新曜社　二〇〇八年）が記されています。

また民族差別を日韓の青年が中心になって勝ち取った日立闘争の全容を解説するものとして

私たちが多くの人の協力を得て作成した、スライドによる資料があります。参照しご活用ください。

https://www.youtube.com/watch?v=pnBxLulUp9I

日立闘争を終え朴鐘碩が日立製作所に入社し定年まで勤めた後、彼の日立定年退職を祝う会でのシンポジウムの映像「今改めて、私にとっての日立闘争の意味を問う」があります。朴鐘碩、故西川長夫教授、加藤千香子教授と崔勝久の4人がパネラーになっています。

https://www.youtube.com/watch?v=GqKoLU5Ryyw

第2部◇新たな船出——事業の世界へ

第一章　スクラップ回収業をはじめる

戦後再び韓国から日本に渡って来た岳父が川崎で従事した仕事がスクラップ（鉄くず）回収業で、それ以来ずっとスクラップ一筋の一生でした。

私は日立闘争や地域活動に精を出し、いっぱしの民族運動の活動家として全力をつくしていたときです。私は自分のやってきた運動をさらに進めようと結婚後韓国に留学まで行ったのですが、在日問題を「日本社会のゆがみ」ととらえながら、自分の最も身近にいた義父の苦しさやその心の痛みを知ることがありませんでした。義父の訃報を聞き、私が在日韓国人問題研究所（ＲＡＩＫ）の主事を辞めてスクラップの仕事を継ごうとしたのは、自分で義父の生きた在日の世界で生きようとしたからです。

一九七六年に私は何も知らないスクラップの世界に飛び込み、無我夢中で働きました。しかし義父の作り上げた人脈と商売のやり方は、集めた鉄くずをシャーリングという機械でこぶし大に砕き、それを同胞の鉄くず問屋に決済をせず預け、市場における鉄くずの大きな値上がりを待って売却する一種の賭博のようなもので、景気の動向に大きく左右される事業だということが徐々に私にもわかってきました。

私が義父から受け継いだのは、造船所と水道局の施設から出るスクラップを扱う仕事でした。

いずれも登録制で限られた業者しか参加できない仕組みになっていました。山と積まれた鉄くずを事前に業者が下見して、宴会場に集まってその買取り価格を記入し、一番高い価格を提示した業者が物件を買い取る権利を得る、いわゆる談合でした。宴会場で物件を買い取る権利を得た業者が記した価格と、本当の入札の現場で提示した買取価格との差額をみんなで分けるのです。当然、その他の業者が権利を得た業者より高い価格を実際の入札で書くことは、暗黙の前提でゆるされない仕組みになっていました。しかしそれは五〇年近い昔にやっていたことで、今はもうどのようになっているのか、私には全くわかりません。

その指定業社の中には私以外にも在日が経営する会社が半数ほどあったでしょうか。しかし彼らはみんな通称名でした。最初、「崔《サイ》です」と自己紹介したときは少し怪訝な顔をしていましたが、そのうち入札に参加する業者はみんな私のことを崔君、崔君とかわいがってくれました。在日の同業者はみんな昔から義父と一緒にやってきた仲間だったからです。在日の同業者は義父のことをよく知り、娘婿であるド素人の私が代わりにスクラップの仕事を継いだということをよく知っていたのです。

本当の入札でスクラップの山を買い取る権利を得た業者はそのスクラップを回収に行きます。そして現場でトラックに積み自分のヤード（置き場）に持ってきてシャーリングで砕き、それを問屋に収めることを主な業務にしていました。市場価格かそれより高い価格で入札するビジネスモデルは、どうあがいても通常の仕方でやり続けることはできません。「談合」や「接待」、

「超」重量オーバーの積載は当たり前のことでした。

義父と一緒にやってきた在日のベテラン従業員四人がある日、日給に関して自分たちが出した条件を呑まなければ辞めると言い出しました。私のような素人のお坊ちゃんにはこの仕事はできないと踏んでの要求でした。私は即座に「呑めない」と言い放ち、彼ら一人ひとりにトラックを退職金代わりに渡し、言葉通り辞めてもらいました。、トラックがあれば彼らは生活していけると思ったのです。

残ったのは四トン半トラック一台で、私の持つ普通免許で運転できたのです。自家用車の運転でさえ得意でない私でしたが、義弟を助手席に乗せ、翌日から早朝横須賀の造船場までスクラップを取りに行きました。四トン半のトラックに十数トンの鉄くずを載せて走ると、坂道で信号待ちをすると発車するのが大変で、義弟が車を降りて、トラックが坂を滑り下りてもぶつからないように後ろの車に下がってほしいと頼みました。

「手形」が何かもわからないでスクラップの社会に飛び込み、従業員頼りだった私が一人でトラックを運転してやっていくというので、義母や妻の心配は大変なものだったでしょう。それでも私はスクラップの仕事を三年半続けました。

私はその経験を苦労と思ったことはありません。初めて経験する在日の生の世界であり、義父が経験したことを私もやっているのだという意識でした。ただ、そのときの経験を語り始めると、私は娘の事故を思い出すのです。

当時、祐天寺で小さなサンドウイッチの店を始めたこともあり、家族がみんな忙しく働いていました。その日妻は残業があり、私が園から三人の子どもをピックアップして家に帰ったときのことでした。私が家の前の道路でスクラップ・ヤード（鉄くず置き場）にトラックを入れるため駐車したとき、娘がトイレに行きたいと言って運転席の反対のドアから降りました。そのときバックミラーに後ろから来る自動車が見えたので、思わず「危ない！」と叫んだのですが、トラックの前を横切った娘は、そのまま後続車にはね飛ばされ、宙に舞い上がって道路に叩きつけられました。一瞬のことでした。

私は慌てふためいてトラックから降り、娘を抱きかかえて家に飛び込みました。ところがトラックのブレーキをかけず二人の息子を中に置いたまま飛び出したので、トラックが坂道をゆっくりと下っていきました。保育園の年中組だった長男は自分と弟を守るためにトラックのサイドブレーキをかけ、木にぶつかってフロントガラスが大破したものの、二人の息子は無事でした。本当に助かりました。

娘は救急車で第二国道病院に運ばれました。医師は今日一日が山場、どうなるかわからないという判断でした。娘をはねた車の角にへこみが見られるほど、まともに顔と頭をぶつけたのですが、なんと娘の顔にはかすり傷ひとつありませんでした。ぐったりとする娘を見て、私はどれほど後悔したかわかりません。しかし奇跡が起こりました。私は病院で眠れない夜を過ごしたのですが、翌日から娘は意識を取り戻し、その後数日入院しただけで、本当に何の怪我もなく退院できたのです。医師によると、小さな子どもはゴムまりのように、衝撃を受けて飛ばされても何ともないことがあるということでした。

入院中、教会に通う私たち家族は娘が無事であったことを喜び、神への感謝を捧げました。神様のおかげで助かったという話を聞いた娘は、自分は助かったのに、どうして同じ保育園に通っていた友達は交通事故で死んでしまったのと尋ねました。その子の親をよく知る私は答えることができませんでした。

第二章　レストランをはじめる

私はその後一人でスクラップの仕事を続け、四トン半のトラックで多いときには一〇トン以上の鉄屑を運んでいました。そこへ会社のヤードと、トラックごと重量を測れる量りや鉄くずを下ろす巨大な磁石、シャーリングなどの設備を一式居抜きで借りたいと在日の同業者から話がありました。家賃が取れるし、引き取ってきたスクラップをそのまま買い取ってもらえるというので、私はすぐに快諾しました。ただし、いずれヤードと事務所を改造してレストランでもと考えていた私は、そのときが来たら出て行ってもらうという了解をとっていました。

早くレストランをはじめないと、いつ会社は不渡りを出すかもわからないような経営状態でした。これでは義妹の結婚にも差し支えると危惧した私は、結婚式を早めてもらい無事に大阪へ送り出すことができました。しかし、その後同業者にヤードを戻してほしいといくら話しても、彼は一切返事をしなくなりました。そこで私は大晦日に彼らの鉄屑三〇〇トンを運び出し、工場を解体する決心をしました。警察沙汰になることも予想されたので、家族はみんな旅行に行ってもらいました。

三〇〇トンの鉄屑というのは大型ダンプで五〇回以上も運ばなければならず、工場の解体は酸素で基礎のパイプを切らなければなりません。その手配をしてくれたのは桜本保育園の園児の在日の父親で、夜中から朝にかけてやり続け、最後の鉄柱一本残ったところで警察が来ました。辞めてもらった元従業員が通報したようです。

立入禁止のロープが張り巡らされ、私は同業者から器物破損と窃盗容疑で訴えられました。もちろん、三〇〇トンのスクラップは別の置き場に移しただけなので窃盗にはなりませんでした。何回か警察に呼ばれたとき担当官から、お前ら朝鮮人同士が喧嘩しやがって迷惑だ、ということを言われたものですから、私は「そうじゃない、見てろ」と啖呵を切り、その足で私を訴えた同業者の家に行きました。もちろん殴られるだろうという覚悟でした。

私を見た同胞は掴みかかってきましたが、一息置いて、「サイ、お前は偉い」と言いました。

私が家族のことを想い、こんな思いきったことをしたと理解してくれていたのでしょう。

工場を解体するという決断をしたとき、義母と妻と三人の子どもには車で伊豆に行ってもらいました。真っ暗闇の中を走り、小汚い民宿に泊まったときの心細かった話は後で妻から聞きました。家族が帰ってきたときも私は家にはいられず、外を泊まり歩いていました。警察が家の周りにロープを張り巡らしている環境の中で、妻たちは夜も電気をつけずに、どこからか電話がかかってきてもただ震えてじっとしているだけだったそうです。

最終的には賠償金を払うことでその同胞の同業者と和解したのですが、その間、立入禁止のロープは張られたままでした。ロープの向かい側はちょうどマンション建設のための空き地になっていました。私はその資材置き場から知り合いの工務店を入れ、自宅一階を改造してレストランを造ってもらいました。それから数カ月後、レストランはオープンにこぎつけました。一九八〇年のことです。

お金の無い私は、当時川崎駅近くで喫茶店をされていた呉炳学《オビョンハク》画伯の紹介で東京の工務店にレストランを造ってもらったのですが、前金は言うまでもなく、工事代金を支払うことはできず毎月の売上から支払うということで了承してもらいました。彼は私が本当に無一文だとは思っていなかったのでしょう。ただ呉先生を信じてやってくれたのだと思います。

本当に多くの方のお世話になりました。メニューは全て手づくりで、青丘社のボランティアの女性と一緒に徹夜で作り上げました。店の名前は、義母の名字の李から Lee's House（リーズハウス）にしました。

文字通り「裏から手を回して」レストラン開業にこぎつけた私は、「リーズハウス」は在日がよくやる単なる焼肉屋でなく何か特徴を出したほうがよいと思い、東京、横浜、千葉を回って、どんなレストランにするのかを考えました。今風のファミリーレストランを念頭に置き、「キムチピラフ」とか「カルビスープ」、鉄板の焼肉コースや韓国風ソーメンなど、私たちが家庭でよく食べるものをメニューに入れながら、小ぎれいな洋食中心のカフェレストランにすることを決めました。今でも新川崎駅からタクシーでその場所を指定すると、「昔、大きいエビフライの店があったね、よく行ったよ」と言ってくれるドライバーがいるほどです。

あまり人手がかからず、素人でも作れる料理や喫茶ものを中心にしたのですが、お店で出す料理の経験のない義母は、呉炳学先生の経営する駅前の喫茶店でハンバーグなどの作り方を教えてもらっていました。「リーズハウス」は道路沿いとはいえ人の出入りが少ない場所でしたが、多くの人に愛される店になりました。

コックさんは元私の同僚のB氏の紹介です。当初義母と妻は厨房、私はホールを受け持ち、それこそ家族総動員でまったくの素人がカフェレストランを始めたのです。二階にいた子どもたちは、突然の環境の変化に戸惑っていました。真ん中の娘は、子どもだけでは寂しいと泣いていたそうです。乳がんの手術後、それでも保育園で働いていた妻は保母の仕事に未練を残しながらもレストランのママになることを決断してくれました。

家族でやっていた店ですが、週に何回か来てくれたコックさんを店が終わったあと、私が車で東京の自宅まで送ることにしていました。送り終えて帰宅途中、疲れきって何度も朝方まで車中で寝込んでしまいました。家の者はずいぶん心配したと思います。事故がなく本当に幸いでした。

私たちがどのような生活をしていたのか、その当時のスクラップの仕事に関わるきっかけ、仕事内容、警察騒ぎ、レストランの開業の大変さなどは誰にも話すことがなかったので、多くの人は私たちにはレストランを開業する余裕があって、保育園のことや地域活動にも関わっていると思ったかもしれません。しかし私は、亡くなった李仁夏牧師には事細かに報告をしていました。それを知る義母は、牧師が祈りに来て慰労し、激励してくれることを願っていたようです。しかし祐天寺のサンドウィッチ店のときも、南加瀬でレストランを開業するまでの数年にわたる大変なときも、祈りに来てくれたことは一度もないと失望していました。彼女はいつでもどんな時でも祈りに慰めを求める女性でした。

第三章　布団、ぬいぐるみの販売、その他のビジネス

私はレストランを家族に任せて、一九八一年から教会の友人が始めたネットワークを作って布団の販売をするビジネスに参加しました。そのような組織販売は当時一種のブームでマルチ商法に限りなく近く、高収入を餌にして大量の布団を買わせるやり方です。しかし私は自分のプライドにかけてもそのようなことはしないと決めて、組織販売のメンバーには一切在庫は持たせませんでした。ただ、羽根布団と磁石が埋められた健康マット一式を購入してもらい、誰かを紹介をしてくれれば私たちが説明に出向いて営業し、布団を買ってくれたら紹介してくれた人に紹介料を支払うというやり方にしたのです。

幸い私に布団を供給してくれたのは全国的にも有名な大阪の老舗問屋でした。普通は私のような素人は相手にせず、多額の保証金を要求するものなのですが、私のやり方がまっとうな紹介形式の商法で在庫も持たせないやり方であることを知った役員が、会社を説得して保証人になるとまで言ってくれたのでした。そして保証金もなく、ただ購入時にクレジットカード会社からの承諾が下りることを条件に布団の直送をしてくれることになりました。

健康マットも大阪の老舗の寝具問屋と取引をしていると知った東京の大手の会社が私たちに販売してくれることになりました。クレジット会社の承諾が下りると私がふとんと健康マット会社にそれぞれを発注し、顧客に直送してもらうわけですから、その会社にとってもリスクは

なく、私も在庫リスクが一切ないのです。

私はそのやり方で関東地区だけでなく、九州、沖縄、関西、北海道、四国まで営業に回り、会員になってくれた方は随分と多くなりました。横浜では文具問屋のオーナーがずいぶん私を可愛がってくれました。彼らが主催する一泊旅行では列車の中で私が営業をするのです。磁石の入った健康マットを説明するのに、磁石の入った棒で背中をマッサージして、「いかがですか、気持ちいいでしょう。健康マットでお休みになると毎晩こんな気持ちでお休みになれるんですよ」と営業するのです。各地で会員はお客を紹介してくれ、会員は急速に増えるので、コンピューターを導入して顧客の管理をするようになりました。

一九八二年、九州の宮崎では小さな事務所を開設し、義弟はそこに駐在し現地で採用した事務員と私の三人、それと教会の後輩のR君も手伝ってくれることになり、しっかりと営業に励みました。その宮崎の事務員は私が川崎でファミリーレストランを経営していることを知って、東京の事務所でも働いてくれることになりました。そのおかげで私は鉄くずで多額の借金を抱え銀行、保証協会に返済できず銀行のブラックリストに載っていたのですが、滞納していた借金を全額返済しました。

レジャーテーブルの販売

その後、たまたま私たちのレストランで義母に会いに来た、韓国でレジャーテーブルを開発したという人に会いました。アタッシュケース二個分くらいの大きさのバッグを開けるとバッグの表面がテーブルになり四脚の椅子が出てくるという、デザイン的にも優れたプラスチック製品でした。思わず見惚れた私はそのレジャーテーブルを私に販売させてほしいと申し出ました。そのレジャーテーブルを開発した社長は驚いていましたが、コンテナ単位で前金で買ってくれるのであればやってみればどうかということになりました。

その当時、時代はレジャーブームになっており、私は布団の組織販売をしてきた経験を活かし、各都道府県ごとに一つの総代理店を決め、そこに販売の責任をもってもらうことを考えました。総代理店は、一つのコンテナ分（四〇個のレジャーテーブル）を現金で購入するという条件です。ガソリンスタンドや、支店を多く持つ文房具問屋に地域の総代理店になってもらい、私はそこからもらった前金で韓国に送金しレジャーテーブルを輸入したのです。銀行からＬＣ（Letter of Credit：銀行が取引先の依頼に応じて、その信用を保証するために発行する証書）制度を利用できなかったので、総代理店制度にしてそこから前金をもらうことで輸入することができるようになりました。そのレジャーテーブルは時代の波に乗り取扱いたいという申し出が多く来るようになりました。私たちは東京のギフトショーにも参加し、各地の総代理店を募集しました。

ぬいぐるみの製造販売

しかし順調だったレジャーテーブルの販売も類似品が台湾から入ることになり、私はこの夏まではもつがその先のめどが立たないと判断して、何か新しいビジネスになるものはないかと、何のあてもなく、初めてアメリカ・ロスアンジェルスで開かれたギフトショーを一人で見学に行きました。一九八二年のことです。そのとき見つけたのが、クマのぬいぐるみがそのままリュックサックになる、「ベアーハッグ」という名の可愛いぬいぐるみでした。

私はさっそく、そのオーナーに話を聞いていたら、日本からの他のバイヤーが関心をもってやってきました。なんと、アメリカ高島屋だというのです。まったく素人の私より、そのオーナーが高島屋に関心を示したのは当然のことです。ぬいぐるみについては何の経験も販売のめどもなかったのですが私はその商品に惚れ、その場でコンテナひとつ分のぬいぐるみを買うことを決断し申し入れました。天下の高島屋だといえ、社員は独断では購入契約をできません。そこでオーナーと私は握手をしてぬいぐるみをコンテナ一個分買い取る契約をすることになりました。

オーナーの話からそのベアーハッグは彼のアイデアとデザインで作られたものですが、実際の製造元は韓国であることがわかりました。彼は自分で考え出したぬいぐるみの生産を韓国のぬいぐるみメーカーに依頼していたのです。そこで私は現場を確認したいと韓国に飛び、ぬいぐるみ工場を見に行きました。

レジャーテーブルの販売先からも、ぬいぐるみがリュックになるという、可愛くてこれまでになかった商品だったので、その商品の販売を希望する会社が出てきました。彼らの中には雑貨の専門家もいたので、クマのリュックサックになるぬいぐるみだけでなく、ぬいぐるみと同質の素材で手袋とマフラー、耳あてを提案してくれそれらをメーカーに生産してもらうことにしました。これがまた日本で当たりました。外車販売では日本最大のヤナセの他、大手の雑貨の製造卸問屋も関心を示し、私はヤナセを総代理店の位置に置き、全国的なネットワークをつくりました。

韓国のぬいぐるみ工場でベアーハッグの他に、「サンタベアー」に出会いました。アメリカ最大の百貨店デイトン・ハドソンの商品で、一定の金額以上の買い物をしてくれたお客さんに無料でクリスマスにプレゼントするもので、ニットで作られた帽子とマフラーを着けたシロクマのぬいぐるみです。私はサンタベアーという名前が気に入り、早速帰国後、日本でぬいぐるみの分野での意匠登録の申請をしました。

するとある日、有名な雑貨チェーン「ソニープラザ」の役員が私に会いに川崎まで来ました。ソニープラザはサンタベアーのアメリカでの人気を知り、これを雑貨の全分野で意匠登録しようと考え、サンタベアーの取り扱い会社として日本の玩具のトップメーカーであるタカラと話を進めていたそうです。ところが肝心のぬいぐるみは私が先に登録してあったものですから、譲ってほしいと自宅まで課長と部長がやってきたわけです。私は断ったのですが、何度も依頼にきたものですから、私が韓国で製造するのでそれを買うという条件で権利を売りました。ぬいぐるみのサンタベアーは、タカラのデザイナーが新たに日本の市場向けに繊細で可愛いものに仕上げてくれたものでした。またそのネーミングがよく、社会的に信頼があるソニープラザとタカラが組みサンタベアーの総発売元になったことで、よく売れました。

私が韓国に発注するぬいぐるみの数量は多くなりました。しかし韓国のぬいぐるみメーカーは欧米からの発注が処理できないほど増えており、生産地を中国やフィリピン、インドネシアへと移すようになっていました。そこで私も海外の工場を見て回りました。中国の工場ではそれこそ何百台、何千台のミシンを置き、欧米からの発注に対応するのです。

私はぬいぐるみの生産を通して、不良品を出さないための現場のあり方を研究せざるをえなくなり、商品管理や発注の仕方についても多くを学びました。日本の会社の発注はぬいぐるみのかわいさの追求に終始し、欧米に比べ発注時期が遅く、発注単位が少なく、それでいて発注の仕方が曖昧なのです。「クマの顔のここのところを、もっとかわいくしてほしい」というようなやり方で、欧米のように仕様書でサイズ、位置が明示されているわけではないのです。玩具会社からの発注でぬいぐるみを製造する日本のメーカーは、もはや海外のメーカーに太刀打ちできなくなっていくのですが、私はこの経験から、日本の下請け業者というのはどれほど発注元の意向をくみ取り、苦労して生産しているのかということもわかってきました。

日本の会社の場合、抜き打ち検査で何パーセント以上の不良品があればコンテナ全体の商品を不良品とするという基準がなく、私たちもいったん日本の港に入ってきた商品を全品検査しなければならないこともありました。そういう経験を通して、私はタカラとソニープラザと組み彼らのオリジナルを海外で生産する立場になりました。そのころには銀行の信用保証制度（ＬＣ）も使えるようになり、一定期間を過ぎると、それまでの実績が評価され、もうＬＣではなく、こちらの発注で海外では生産をしてくれ、決済は商品の日本到着後にするというやり方になっていきました。

ぬいぐるみの専門会社に

サンタベアーのビジネスが軌道に乗りはじめてその翌年の一九八三年、私はニューヨークのギフト・ショーに行き、そこで「ベアーリンモンロー」とか「ベアーブルース」という誰もがよく知る人物を想像できるネーミングのぬいぐるみに出会いました。毛のない布地で作られたクマが素晴らしい衣装を身につけたセンスのよいぬいぐるみでした。ニューヨークのセントラルパークに近いところに事務所を構えるその会社の社長はチャーミングな女性で、優秀なデザイナーと縫製を専門とするネパール人とでそのハイセンスなぬいぐるみを作っていました。North American Bear（ＮＡＢ）という会社で、彼らは一種類二四〇〇体しか作らないのです。商品は付加価値がついて実際の販売価格はどんどん値上がっていくのですが、追加生産はしないという方針をもっていました。

日本のタカラ以外の玩具の上場会社もＮＡＢの商品に目をつけ契約交渉をしているとのことでした。通訳を入れず、私はベンツやリンカーンの外車の独占販売をしているヤナセと組んでいるので、このような素晴らしい商品は一般の玩具店で販売するのでなく、ぜひ私に日本での販売権をほしいと単刀直入にお願いしました。

セントラルパークを見下ろす高級住宅に私は招待され、一緒に食事をしました。彼女の作る夕食は、もっと話をしたいからというのでサラダとスパゲティとワインだけでしたが、私はその気持ちがとてもうれしく、ほんとうにおいしくいただきました。そして私は全量ヤナセに販売するという条件でＮＡＢの日本国内での独占販売権を得ることができました。

ヤナセも大変気に入ってくれ、会長が先頭に立って記者会見をし、お披露目は帝国ホテルの一番大きな会場を準備してくれました。ＮＡＢのオーナーはなんと、自分のデザインした縫いぐるみと同じ衣装を着て登場しました。マスコミも大きく取り上げ、ヤナセは独自の販売ルートを通してＮＡＢの商品を販売することになりました。

数年後、ＮＡＢが開発した普通の毛のぬいぐるみが評判になりました。しかし私はヤナセの役員が仲介役の私を通さないで、直接ＮＡＢから商品を買い付ける意向をもっていることを知り、すぐにヤナセに自分は手を引くから直接ＮＡＢと取引をしてもらって結構ですと申し入れました。親しくなっていたヤナセの担当役員は私に申し訳ないと言っていましたが、私は何も要求しませんでした。しかしヤナセは謝礼を受け取ってほしいというのでそれなりの謝礼をいただき、すっぱりと未練なく、私はＮＡＢとのビジネスから手を引きました。

サンタベアーでぬいぐるみの製造を韓国でしたことで、私は実際の工場をもたなくても製造メーカーに生産依頼することでメーカーの立場になることがわかり、今度は自分自身が著名なブランドの権利を獲得しそれを商品化することを考えました。

そこで目をつけたのが、コカ・コーラです。世界的なブランドですから、その商標を活用して商品化することをコカ・コーラ社に申し出る玩具や雑貨の大会社も多かったのですが、私はカタログ販売で日本最大の会社と組みました。その会社はデイトン・ハドソン百貨店のやり方を真似て、サンタベアーをカタログにある商品を購入してくれた顧客への景品としたのです。そうすることで、普通のぬいぐるみを商品とするよりはるかに多くのぬいぐるみを生産することになります。

私はコカ・コーラの商標管理会社にぬいぐるみの商品化を申し出ました（一九八三年）。商標管理会社は大手のぬいぐるみメーカーよりはるかに大量の最低保証を提示する私に当初戸惑いがありましたが、最終的には私の会社と契約をすることを決意してくれました。そうして私はコカ・コーラのロゴを使ったり、コカ・コーラの瓶を抱えるぬいぐるみの日本での独占的なメーカーとなり、カタログ販売の会社からの発注を受けて、韓国でぬいぐるみを製造することになりました。

韓国の製造メーカーが海外に移るものですから、コカ・コーラのロゴを使った雑貨商品を中国や、インドネシア、フィリピンでも製造することになりました。コカ・コーラのアトランタにある本社を訪れたこともありましたが、その本社にはカフェテリアがあったり、その自由な雰囲気に驚かされた記憶がよみがえります。

しかし独自の販売網を持たず、実際の販売網を持つ大会社とぬいぐるみのメーカーとの中間的な立場で振る舞うビジネスに限界を感じはじめた私は、結局、ぬいぐるみのビジネスもやめることにしました。おそらく読者の中には私がかかわったぬいぐるみ商品をご覧になった方もいらっしゃると思います。義理の妹が大阪にいるのですが、彼女の家に行ったとき、最寄りの駅のすぐそばの写真店でサンタベアーを見つけ、私は小躍りをして喜んだものです。私は今でも自分の本棚に小さなサンタベアーを置いています。

ＩＴのソフトウェアとの関わり

幸運な出会いからレジャーテーブル、リュックサックになるぬいぐるみ、そしてサンタベアー、そして最終的にはコカ・コーラ商標を使った商品化を手がけるようになり、私は韓国に頻繁に行くようになりました。留学のときに学んだ韓国語を活用しながら、今度は、ヤナセを含め韓国のＩＴソフトウェアに関心を持ちはじめた多くの日本企業を相手に、毎月、韓国のホテルで大手日本企業と韓国の新進気鋭のソフトウェア開発会社を引き合わせるようになりました。そのうちに、日本の大手企業は韓国で開発されたソフトウェアの購入だけでなく、そのソフトウェア会社への投資をするようになり、私は紹介した対価として、投資に参加できるようになりました。

日本の大手会社が調査をして選んだ韓国のソフトウェア会社への投資は将来、上場は間違いないという評価を得たのも同然でした。私はなけなしのおかねを投資しただけでなく、その幸運を友人にも分けたいと思い、親しい友人たちに声をかけました。そしてこれがつまずきのもとになりました。いくらいいソフトウェアを開発したといっても、それで上場することができるのは本当に恵まれた、ごく少数の会社だけだったのです。一〇〇社に一社、いや一〇〇〇社に一社以上の狭い門だったのです。上場を目的に投資することは非常にリスキーなことでした。しかし私は日本の大手企業が選び投資するのだから、それに便乗して投資できることを幸運と浅はかにも考え、喜んで自らの全財産を投資し、それに親しい友人、身内にまで声をかけその幸運を分かち合いたいと考えたのです。

しかし一社を除いて、もののみごとに投資したすべての会社は上場できませんでした。そのうち一社は企業としては成功への道を歩み韓国ではアニメ制作のトップの地位を維持していますが、未だに上場できないでいます。

一方、妻が中心となって経営していたレストランは人に貸すようになり、妻は非正規スタッフとして近くの公立保育園に復帰しました。二度目の乳がん手術も受けたのですがすっかり元気になり、今では還暦を過ぎた最古参ながら最も元気な保育士として、仕事に励んでいます。

最初の乳がんの手術の時彼女は二〇代で、義父が亡くなり私がスクラップを始めた翌年でした。医師からは三年生存率は五〇％以下と言われ、自分一人の胸にしまっていたことを思い出します。その時の状況下で、彼女の気持ちを考えるとどうしても「真実」を告げることはできなかったのです。良性の腫瘍と説明したのですが、彼女はわかってだまされたふりをしていただけかもしれません。

私は彼女の手術方法について医師から説明を受け、転移しないため乳房全体を削ぎ落とすように切り取る、ハルステッド法といわれる手術方法を言われるがまま承諾しました。しかし後でわかったのですが、その当時すでに欧米ではそんな残酷なやり方は時代遅れとされ、ハルステッド法でなくとも、乳房を残した抗がん剤や放射線治療は当たり前のこととされていたのです。私が医師の言うことをそのまま信じるのでなく、自分の納得できるまで調べなければならないと思うようになったのは、その時の悔しさがあるからです。

その後、彼女は医師から転移しないためにということで勧められるままに抗がん剤を呑んでいました。ある日私は近藤誠氏の本を読んで、転移しないようにということで当たり前のように出された薬は実は日本だけで使われているもので欧米では飲まれていないということを知りました。そこで彼女を説得し薬を止めるように勧めたのですが、本人は悩みに悩み、その旨を医師に告げたところ、「ああそう、いいですよ」という一言で終わりました。病院（医師）、医薬品メーカー、厚生省は一体となっており、ガン細胞を小さくし転移しないための薬というのは莫大な売り上げをあげながら、それは日本だけで使われている代物だったのです。私は近藤誠氏が一連の本で書いていることに納得しました。しかし彼は日本の医学界では異端児とされています。それでもガンは切るものとされている常識を破った彼の功績は大きいと思います。

私の失敗談

私の個人史は一時、中断したのですが、それは最近のことを記すことで多くの人に迷惑がかかると思ったからです。学生の時から在日に目覚めた私は、差別社会との闘いを宣言し本名で生きることや、日立闘争、地域活動と具体的な実践に邁進したのですが、それは新しい動きであるが故に周辺の人たちからの激しい反発を受けることもありました。在日大韓国基督教会と川崎の青丘社からは責任ある地位からリコールされ、放逐されました。

お前の行く末を見てやろうと、憎々しげに言われた経験もあります。成功するはずはないという彼らの予言はものの見事に的中したのですが、しかし文字通り無一文になった私が、そのことによって生まれて初めての解放感を味わい、新たな一歩を歩み出すことに喜びと意欲を持てたことに感謝の気持ちを抱くようになろうとは予測できなかったようです。

全てを失い何もないということがこんなに解放的で、自由を与えてくれるものなのか、私はあらためてこの間思索してきたことを根底から捉え直したいと思っています。「杖一つの他は何もたず」（「マルコ」六章八節）、私はこれは古代のことだと思っていました。聖書の奇跡物語は実際に起こったことでなく、原始キリスト教団の信仰告白が反映されたものと理解していたのです。しかし今、それらのことはリアリティのあるものとして私に迫ってきます。

奇跡物語を聖書は神秘的な神業のように記していますが、奇跡とは人間のあらゆる努力を超えすべてをあきらめたところから現れ、思いもよらぬ自分の人間としての可能性が途絶えたところから起こった出来事ととらえると、私は全てを失った時にまさにこのことを経験しました。事業の失敗から残されていた不動産全てが競売にかかり、それが全く知らない第三者によって落札されたのですから、私たちはその落札の日から六カ月以内に家を出るほかすべはなかったのです。私はそのことを予想し、家族全員に心の準備とその覚悟を求めてきたのですから。

ありがたいことに、私は家族の誰からもその失敗について非難されることはありませんでした。義母も妻も、義妹義弟家族も淡々とこの事態、私の失敗の結末を受けとめてくれました。私は家族の想いと彼らの配慮に感謝するしかありません。

競落が決まったその足で、私は落札をした不動産業者に会いに行きました。彼らはビジネスとして落札した物件を建売住宅か新たなマンション建設をするのが常識です。私は無謀にも、その会社の社長に面談を求めました。私のこの間の失敗の連続を見守ってくれていた義母は夫が遺してくれた場所で亡くなることを願っていると考え、彼女が亡くなるまでそこに住めるようにしてくれと訴えたのです。

その不動産会社の社長は、私の無謀な願いを承諾してくれました。これは私にとってはまさに奇跡でした。自分のやってきたことの全ての結末であると同時に、自分の手を超えたところから恩恵を受けたと思うしかありません。

ふり返ると、私は自分の実家と妻の実家の両方に責任を持とうとしたことになります。大阪ナンバの一等地のビルは、父の三度目の妻から一億円を超える離婚による慰謝料を求められ、その金策をするために銀行の担保に入れました。しかしそれは同時に、私が継いだ岳父の会社の事業（前に記した鉄くずやぬいぐるみの仕事）を支える担保でもあったのです。いろいろな事業をしながら、なんとか借金から脱却したいという思いが、今から考えると私の潜在的な重荷になっていたのでしょう。無理な投資を重ねたのも金銭問題を一挙に解決しようとしたためで、冷静さや理性を失っていたのだと思います。

今はもうこれまで苦しんできた資金繰りに悩むことはありません。私が求めてきた日韓のビジネスが「一粒の麦」になってくれることを願うだけです。

私は古代のアブラハムのようにこれからの余生を新たな地を求めて生きることになります。ただ私にとって幸いだったのは、私を理解し、支えてくれた妻と一緒にその旅路に出ることができるということでしょう。これまでやってきたことで無駄なことは何もなかったと思い、これからの新たな人生を歩めることに胸を膨らませる今日このごろです。それに今朝、新たな喜びが与えられました。次男に二番目の子が生まれたと知らせがありました。

第3部◇在日の歩みの考察
――地域社会の当事者として

第一章　「共生の街」川崎を問う

私や朴鐘碩が青丘社の現場から離れて一〇年も経ったころ、東京都の韓国籍職員が「当然の法理」[1]を理由にして管理職試験の申込みを断わられ、東京都を提訴したという新聞記事を目にしました（一九九四年九月一六日）。Cというイニシャルであったため、そのCが昔川崎の地域で一緒に活動をした、鄭香均であるとは気がつきませんでした。その後、Cが鄭香均当人であることを知り、彼女の裁判闘争に役立てばと考え、私は既に外国人への「門戸開放」を実現していた川崎市の人事課を訪ね、話を聞きました。しかしそこでわかったことは、川崎市も東京都も、「当然の法理」を前提にしていることには変わりなく、川崎市も「門戸の開放」をしたものの、採用した外国籍公務員に対して管理職昇進や職務の制限をしていることを私は初めて知るようになりました。

そのことがきっかけになって翌年、私と朴鐘碩はこれまでの在日の友人や新たに知った日本の友人とともに一九九七年一月に「国籍条項」に関する集会を開き、その後、〈外国人への差別を許すな・川崎連絡会議〉（代表、望月文雄、以下「連絡会議」）を結成して、市との直接交渉、集会（学習会）や資料・ニュースの発行を継続するようになり、現在に至っています。

この一〇年間の活動において私は、川崎市が「多文化共生」と謳ったことで実現した功績と問題点の両面を知るようになりました。「共生」は市当局と、市民運動体および市職組合が協力し合うことで推進されてきており、川崎市における多文化共生政策は、阿部市長が掲げるネオ・リベラリズム（新自由主義）政策と一体化されていることは留意すべきです。それは川崎市の特殊状況ではなく、日本社会、および全世界がグローバリズムという、資本と人間（労働力）が国境を越えるようになった状況下で直面している問題と捉えるべきでしょう。

この小論において私は、川崎市との直接交渉を通して見えてきた川崎市の「共生」の実態を記し、具体的な事例を検証することで、特に、新自由主義政策と「共生」との関係を捉え、「川崎市の謳う「多文化共生」とは何なのか」を考察します。それは開かれた「地域社会」を求める、日本人と在日両者の共通の課題として、共闘のあり方、その方向性を模索する作業につながると考えるからです。

川崎市の外国人施策——「人権・共生のまちづくり」を検証する

青丘社らによる問題提起は、交渉を通して築かれた行政との信頼関係をもとに、川崎市を外国人施策の先進的自治体とし、「多文化共生」は川崎市を特徴づける重要理念の一つとなった。（金侖貞[2]）

青丘社・ふれあい館の「共生」を目指すうねりに呼応するかたちで、市側も誠意をもって対応をし、伊藤三郎市長が指紋押捺拒否者を告発しないという宣言（一九八五年二月二三日）をし、教育の面では「川崎市在日外国人教育基本方針—多文化共生社会をめざして」（一九八六年）が出され(3)、さらに朝鮮人多住地域のコミュニティ・センターともいうべきふれあい館が設立され「多文化共生社会の実現」は川崎市のスローガンになりました。

川崎市はこれまで外国人に閉ざしていた公務員の「門戸開放」を実現させ（一九九六年五月）、市政参加を謳った外国人市民代表者会議を発足させました（一九九六年一二月）。いずれもNHKの七時のトップニュースになるほどの扱いでした。

福田現川崎市長は令和元年（二〇一九年）に二期目にあたり公約通り、「全ての市民が不当な差別を受けることなく、個人として尊重され、生き生きと暮らすことができる人権尊重のまちづくりを推進していく」ということで、「川崎市差別のない人権尊重のまちづくり条例」を制定しました。これは伊藤三郎市長から進められてきた川崎市の「多文化共生」政策の「最後の仕上げ」といって過言ではないでしょう。

しかしにもかかわらず、その「多文化共生」政策は「当然の法理」を前提にし、「当然の法理」に基づいて、外国籍公務員の管理職昇進を認めず職務を限定するという差別の制度化であったのです。この根本的な公的な差別を黙認し、差別を一部右翼によるヘイトスピーチとする限り、「差別禁止条例」が施行されたにもかかわらず、相変わらず右翼勢力は街宣行動において「言葉を選びながら」（条例に直接抵触する言葉を避けながら）差別発言を続け、市当局はそれを条例違反としないという事態が続くと予想されます。

民族差別は日本社会の深い構造的な問題として捉える必要があります。一部右翼のヘイトスピーチの問題に矮小化せず、公権力によって実施され市民からも黙認されている差別の実態こそ直視されなければならないと私は考えます。

ここでは、川崎市の外国人施策に関して四点検証します。一つは、川崎市は外国籍を持つ住民を、日本籍をもつ日本人住民と同じように川崎市民と見なしているのかという点です。二つ目は、外国人の公務員採用に関して全国に先がけて実施された「門戸の開放」の実態です。三つ目は、外国人の市政参加と高い評価を受けた外国人市民代表者会議について、最後は、「中央の小泉・川崎の阿部」を選挙の看板にしながら、行政改革を謳い川崎市長になった阿部孝夫市長が、外国人は「準会員」（『正論』二〇〇二年一月号）と発言した真意についてです。

外国人は日本人と同じ市民・住民か？

まず川崎市は外国人を、日本国籍を持つ日本人住民・市民と同じ住民・市民としているのかという点ですが、答えは、イエスでもありノーでもあります。市の公式見解では、「外国人市民」というカテゴリーを考案し、川崎市多文化共生社会推進指針では「本市では、外国籍の住民は地域社会を構成するかけがえのない一員と考え、一九九六年（平成八年）の川崎市外国人市民代表者会議条例の制定から外国人市民という言葉を使用しています」（傍点引用者）とあります。日本人と全く同じであるならば、このような「外国人市民」というカテゴリーを設定すること自体が自己撞着です。これはノーということです。

しかしながら、川崎市の「自治の基本を定める最高規範」である二〇〇五年に制定された「川崎市自治基本条例」第三条の「市民」の定義としては、「本市の区域内に住所を有する人、本市の区域内で働き、若しくは学ぶ人又は本市の区域内において事業活動その他の活動を行う人若しくは団体をいいます」とあり、この定義によると、外国人は永住権の有無にかかわらず、市民ということになります。同条例第三一条の住民の定義では「本市の区域内に住所を有する人」とあり、これによると、外国人も住民ということになっています。ここでは、イエスです。

しかしながら参考までに、住民については、憲法九三条二項によると、地方参政権を持つものであって、憲法施行の過程で植民地下で日本に住むようになった台湾人、朝鮮人の基本的人権（法的地位を含めて）のことはまったく考えられていなかったという実態が浮かび上がります。憲法上、住民とは地方参政権を持つ者（日本国籍者）のことになっており、では参政権を持たない外国人は住民ではないのかと言いたくもなります（日本国憲法第九三条「地方公共団体の長、その議会の議員及び法律の定めるその他の吏員は、その地方公共団体の住民が、直接これを選挙する」）。

川崎市の条例では住民は外国人の参加が記されている住民投票の項で論じられています（二〇一〇年四月八日　川崎市自治基本条例（住民投票制度）「第三一条　市は、住民（本市の区域内に住所を有する人。法人を除きます）をいいます」）。川崎市の「住民投票制度は、間接民主制を補完する制度であることなどから、住民投票を発議できる市民の範囲については、住民として、法人を除いた本市の区域内に住所を有する人としています」（「自治基本条例第三一条（住民投票制度）の解釈について」第二回住民投票制度検討委員会（H一七・一二・二七）資料二より）

厳密にいうと憲法と川崎市の自治基本条例とでは住民のとらえ方が異なっているように見えますが、しかし住民を単に日本国または川崎市に住む人ととらえれば、川崎市の言う住民とは憲法で念頭に置かれている地方参政権を持つ住民（日本人）とは違うが、地方参政権を持たない外国人でも川崎市においては日本人住民と同じく住民投票はできますということなのでしょう。グレーゾーンです。同じ住民であっても国籍によって政治に参加する権利の範囲が異なっており（差別があり）、外国人でも住民投票はいいが、地方参政権は認められないという根拠が明記されていないのです。

私は、川崎市自治基本条例の市民・住民の定義を素直に読み、外国人は川崎市においては日本国籍を持つ日本人と同じ市民であり住民であると認識し（外国人市民、外国人住民という新たな概念、言質は不要であると認識して）、外国人を「準会員」（二級市民）とするような前阿部市長の考え方（後述）に反対します。しかし阿部市長のこの発言には批判が多くその後一切その発言はなされなくなりましたが、阿部市長当人はその発言を撤回するとか、自己批判するという発言はしていません。

「門戸開放」の実態について

川崎市は、指紋押捺拒否の運動やふれあい館建設を通して外国人の人権については他のどの地方自治体より熱心に取り組んできた経緯があり、市の職員組合、市民団体（「神奈川民闘連」）と時間をかけて協議をし、他地方の先例を参考にしながらも川崎独自の方策で、外国人の公務員任用に関する「門戸の開放」を実現すべく努力し、九六年に川崎市職員募集要綱の国籍条項の撤廃を打ち出しました。

ここでの最大の関門は、外国人公務員の任用を禁じる「当然の法理」でした。「当然の法理」とは、一九五三年の内閣法制局の見解で、「公権力の行使、または国家意思形成への参画にたずさわる公務員になるためには日本国籍を必要とするものと解すべき」とされていました。「川崎方式」とは、「公権力の行使」を川崎独自に解釈して、「当然の法理」には抵触しないようにしたものでした。元来、「公権力の行使」とは国の「統治」に関する概念です。従って、外国籍公務員の職務に対して制限を加える根拠となる「公権力の行使」と、その本来の意味としての「統治」との関係を問題にした「外国人への差別を許すな・川崎連絡会議」（以下、「連絡会議」とする）と市との交渉の席で、人事課の課長は、川崎市において「統治」に関係する職務とは何かと尋ねられても、そんなものはありませんと答えるしかなかったのです。

そこで川崎市は新たに、「公権力の行使」を「統治」ではなく、「市民の意思にかかわらず権利・自由を制限すること」と「独自な解釈」をすることで、三五〇九の職務のうち、それに該当する職務を一律に洗い出し一八二の職務を抽出しました（「外国籍公務員の任用に関する運用規程」）。その一八二の職務（税金の徴集、伝染病患者の隔離、ケースワーカーなど）は「公権力の行使」に関わるとしてそのまま残し、その他を外国人に「門戸を開放」しました。これが国籍条項の撤廃の実態です（一九九六年五月）。

そこには「当然の法理」遵守を宣言しないと「門戸の開放」は国からの承諾を得られないという状況判断があり、他の自治体が「門戸開放」を断念したことからしても川崎市の英断が評価される所以です。しかし、地方自治体の任用政策は地方分権の原則からしても独自の判断でなされるべきであるという議論はなされませんでした。また、これまで川崎市の英断は注目されても、川崎の「門戸の開放」は制限されたものであり、それを可能にした「公権力の行使」の「独自の解釈」そのものの是非が問われることはありませんでした。

地方自治法によると、「地方公共団体は、住民の福祉の増進を図ることを基本」（第一条の二）としています。従って、「公権力の行使」は、この「住民の福祉の増進を図る」ためにあると考えるのが妥当でありましょう。「市民の自由と権利の制限」をするとした川崎市の「公権力の行使」の定義そのものは、ベクトルの方向が逆であるということになります。

そもそも、公務員が恣意的に「市民の意思にかかわらず権利・自由を制限すること」が許されるはずがありません。「市民の権利・自由」を制限するということは、法律によって限定的にしか許されないものです。公務員はすべて法律に従って市民への影響力を行使するのであれば、採用された外国籍公務員も日本籍公務員も法律に基づいて行動するように求められるのは同じはずです。

また人事課の課長に確認したところによると、管理職の決裁事項は内規で決められており、[4]「公権力の行使」によって市民の日常生活に影響を与えるような案件は、その内容に応じて、上司の管理職である課長、部長、局長そして最後に市長の決裁によって執行されるのです。そうすると現場で執行を任されている公務員は自分の恣意的な判断でなく上司の決裁によって、まさに命令に従うだけであるのに、その現場執行者の公務員の国籍が問題になるというのは、どういう理由によるのでしょうか。

「公権力の行使」を川崎独自に解釈して「門戸の開放」を実現させた論理というのは、要するに、「門戸開放」の実現を図ろうとするあまり、国の「当然の法理」との抵触を避けるために考案された妥協の産物であり、「当然の法理」のもつ排外性の問題点、地方分権の内実化（独自の人事政策）、「公権力の行使」のあまりに形式的な解釈について、その後、広く論議されることはありませんでした。

「当然の法理」を守った上で「門戸開放」をするという川崎市の方策は、外国人を採用した後は、職務制限をして昇進も認めない、「門戸を閉ざす」結果をもたらしたのです。たとえば、狂犬病予防に関する事務として、「犬の登録、狂犬病予防注射票の交付など」が「公権力の行使」として制限されています。今度新たに「見直された」例からすると、「特定動物飼育業に係る許可・取消・勧告・命令等」「自動車リサイクル法関連事業者への登録許可」「路上喫煙者への注意・指導・その他指示に従わなかった場合の過料徴収の実施」などがあります。これらの職務に外国籍職員が就いてはいけないというのは「当然の法理」だからという言い方で説明されているだけです。これではトートロジー（同語反復）になり、説明になっていないことは明らかです。川崎市は「公権力の行使」を行政の現場の実態に即して再解釈して、地方分権の原則を明確にしたうえで、外国籍公務員を国籍によって差別する任用制度を改めるべきでありましょう。

「川崎方式」を自治省が認めたことは言うまでもありません。その後、多くの地方自治体が追随することになりました。川崎市は、「川崎方式」を具体化するために、「外国籍職員の任用に関する運用規程―外国籍職員のいきいき人事をめざして」を作成しました。ちなみに「運用規程」は完全に市長の判断で改正、見直しされるもので、議会の承認は必要ありません。

前人事課長は「連絡会議」との交渉の中で、川崎で制限している職務の中には他の地方自治体で認められているものもあり他の自治体との整合性も考慮せざるをえず、また外国人公務員の将来のためにもいろんな経験を積んでもらいたいので、従来の（一〇年前の古い）「運用規程」の見直しが必要だと説明していました。ところが前課長の提案は最終的に市長によって却下されたうえ、二〇〇七年の九月になって「運用規程」は見直され（私たちにとっては「改悪」され）、市長の最終決裁によって、制限されていた職務が一八二から一九二に増やされました（現課長談）[5]。

今回の「運用規程」の「見直し」に対しては、市の職員組合と「神奈川民闘連」は市の恣意的な判断ではなく、法の改正などによって自動的に増えたもので仕方がないという理解を示し、公式には何の反対の意思表示もしていません。しかし、一人、決然とこの「見直し」を批判する韓国人公務員が現われました（「再び問う川崎の採用…規定」『民団新聞』二〇〇七年一一月二八日）

彼は、これまで自分の行きたい職場を希望しても、「運用規程」を盾にとって職場の変更届を認めてこなかった人事課に対して、四度目の異動申請を出しました（「…当然の法理へ挑戦今年も」『民団新聞』二〇〇七年一二月五日）。しかし残念ながら、ケースワーカーへの移転を願う四度目の申請に対しては人事課もなんとか突破口を見いだすべく努力したようですが、最終的に市長判断を覆すことはできず、今回も却下し、他の「公権力の行使」に抵触しない職務を薦めたようです。

人事課の主張は明確です。昨今圧倒的に多くの職員が忌避するケースワーカーを希望するこの青年に対して、生活保護申請ができない（「意思行為」のできない）人にケースワーカーが

「職権」で「措置」をする職務が「公権力の行使」にあたるとして、異動を拒否したのです。

生活保護を申請するのは、「すべて国民は、健康で文化的な最低限度の生活を営む権利」（憲法第二五条一項）に基づくものであり、ケースワーカーは「住民の福祉の増進を図る」ための市民に対する「補助」機関にしかすぎません。この場合のケースワーカーの「措置」はまさに、「住民の福祉の増進を図る」ためであり、「市民の自由と権利の制限」をする、川崎独自の解釈による「公権力の行使」に該当するとは思えません。むしろ、地方自治法のめざすところからして、「公権力の行使」によって、積極的に「住民の福祉の増進」を図るのがケースワーカーの仕事であると言えるでしょう。いずれにしても、韓国籍の職員がケースワーカーになってはいけないという市の判断には無理があるように思えます。

この韓国籍公務員のケースワーカー希望を否定する論理を突き詰めて考えてみると、役人は一般市民を「管理する」、「権利を与えてやる」という発想と結びついており、ケースワーカーも同じく生活困窮者を「管理する」という前提に立って成り立つ論理です。最近、九州で生活保護を打ち切られ餓死したケースや、ワーキング・プア（非正規雇用の低所得労働者）の食事代に比して生活保護者の食事代の算定が高すぎるからカットすべきだという自民党の論調も、「住民の福祉の増進」を図るという地方自治法や憲法の精神に反したものという意味では、同じ問題と言えるでしょう。

もう一点、「運用規程」について押さえておくべきことがあります。それは外国籍公務員を対象にしたものとされていましたが、実は、市の中長期の合理化政策の一環であったということです。既に数千名規模の人員削減計画が発表されています。共生という大きな流れの中で、外国人の「門戸の開放」と銘打って作られた「運用規程」は、すべての職員を対象にした、中長期の合理化システム構築の一部であったということです[6]。外国籍公務員への「門戸開放」のためと言いながら、市当局は、同時に、大規模な合理化の準備を着々と進めていたということになります。

私はこの「運用規程」のからくりを見ると、ものごとは一面からだけ見てはいけないと痛感するのです。民族問題に特化した考え方の上で、民族問題だけの成果を求めることは大きな流れを見落とすことになりかねません。逆に考えると、為政者は「共生」という誰もが反対できない看板を掲げながら、実は彼らが本来実現したかったことを確実に実行に移すという準備をしてきたのです。

「外国人市民代表者会議」について

地方参政権のない外国人をいくら日本人と同じ市民・住民とみなしたところで、また「かけがえのない一員」としたところで、問題は残ることを熟知する川崎市当局は「外国人市民」というカテゴリーを作り、参政権はなくとも外国人が市政参加できる道を見つけだしました。一九九六年に条例で設置された「川崎市外国人市民代表者会議」は、市当局が市民運動の意向を受け、有識者の協力を得ながら、ドイツへの現地視察を経て、まさに英知を総結集させて作り上げたものです。これは伊藤三郎市長の指紋押捺拒否者不告発」宣言（一九八五）、ふれあい館設立（一九八八）、「門戸の開放」（一九九六）と続いた「共生」政策の総決算と言っても過言ではないでしょう。

多くの関係者、研究者が外国人市民の市政参加ということで、この「代表者会議」の設置の意義を称え、出版もしています。(7) しかし、二〇〇七年七月一五日の「多文化共生を考える研究集会」において上野千鶴子さんは、「代表者会議」について、「行政のパターナリズム（家父長的温情主義）」であり、「外国人参加の制度化が行なわれたとは到底いえません」と断言しました。これまで学識者の中で「外国人市民代表者会議」の問題性に言及した人は見当たりません。この「代表者会議」の評価のギャップは何を意味するのでしょうか。

実際のところ、川崎市外国人市民代表者会議条例では、会議の位置づけについて、外国人市民に係わる「事項について調査審議し、市長に対し、その結果を報告し、又は意見を申し出ることができる」（同二条）だけであり、市長はその「責務」として、「報告又は意見の申出があったときは、これを尊重するものとする」（同三条）とあり、非常に制限されたものでしかありません。外国人市民にとって必要なことを決定するのは「当事者」でなく、市長であるという仕組みそのものの根本的な問題点を上野さんは指摘しており、他の人たちは、制限されたものであれ間接的であれ、外国人の市政への「参加」という形式を評価したものと思えます。

またこの会議に参加する「代表」というのは、「自らの国籍の属する国の代表としてではなく、本市のすべての外国人市民の代表」(同五条)、つまり個人参加であると明記されているにもかかわらず、在日朝鮮人に関しては、民団・総連・「神奈川民闘連」という組織がそれぞれ一定の枠を確保し参加することが決定されました。そして数年後、何の総括も説明もなく、この代表者枠はなくなりました(8)。

私は一概に「外国人市民代表者会議」の意義を否定するものではありません。外国人当事者が外国人市民として政治に参加したい、自らの運命を自ら決定するようになりたいと願うことは当然のことです。しかしこの「代表者会議」は本質的にマイノリティの外国人市民が、自らの要望を具現化する政治手段にはなっていません。まず「代表者会議」を意義あるかたちにするのであれば、市長への単なる「報告」や「意見の申し出」でなく、「代表者会議」で調査・審議した内容を自ら決定し、市長はその決定を「尊重」でなく、「遵守」しなければならないと変更すべきでしょう。

川崎の外国人住民の人口は全人口比で二%になるので、例えば全予算の二%分を外国人住民のために使うとか、全職員の二%を外国人枠として確保するとかの「決議」をし、市長がそれを「遵守」するというようになるのならば、「代表者会議」は意味あるものとなるでしょう。

また、「代表者会議」に参加するメンバーの構成にも問題は残ります。参画室から選ばれた選考委員会が「代表」応募者の中から二六名を選出するかたちになっていますが、入国滞在期間を過ぎた外国人を含め、多くの困難に実際に遭っている、多様な外国人の声が反映されるようにはなっていません。

当初、マスコミに取り上げられて多くの識者から高く評価され、川崎在住の外国人に大きな期待を抱かれた「代表者会議」は、有資格者全員にはがきで案内が届き外国人住民の関心も高かったのですが（私も応募しました）、今は予算の都合で、市のホームページや各区役所などで案内されるだけになっており、急速に外国人住民の関心は失われてきています。一九九六―九七年度の第一期の応募者二五八名に比べると、直近の第六期では三二名になり、約一〇％に減っています[9]。まさに風前の灯という状態です。この応募者の激減は、応募者への案内方法の変化によるというよりも、外国人市民当事者が「代表者会議」そのものに意義を見いだせなくなってきたからでしょう。

「連絡会議」と市との直接交渉の場で判明したのですが、市の職員が、「代表者会議」から出されてきた市長への提案内容を訂正していたということが明らかになったことがありました。しかし「代表者会議」の運営は基本的に、議題の設定を含めた準備から会議録の作成やそれを発表する実務作業はすべて市の職員が担っているのですから、「代表者会議」の外国人代表は市の設定したレールに乗っているだけということになりかねません。「代表者会議」設立に大きな役割を果たした市職員の山田貴夫氏は、「実現された提言をみると、提言を…追い風として活用するような担当部局の職員の存在が大きい」と記し[10]、裏で市の職員がイニシアチヴをとってお膳立てしていたという実態を図らずしも暗示しています。

「外国人市民代表者会議」が設立されて一〇年になります。外国人の地方参政権を肯定する動きが国会において活発化される中で、「代表者会議」に参加する代表の選出方法、運営方法、そして何よりも「代表者会議」の権限について、さらに当事者の意見を具体化する権限をもつものにするのか、根本的に検討するべき時期に来ているものと思われます。

阿部市長「外国人は準会員」発言の真意について

最後に川崎市の最高責任者である阿部市長が二〇〇二年の当選直後から、マスメディアだけでなく公の場で繰り返してきた、「外国人は準会員」であるという発言の真意を考えてみましょう。[11]

阿部市政は、「多文化共生社会の実現」を打ち出しながら、今後一〇年の川崎市のあるべき方向を明示して（新総合計画「川崎再生フロンティアプラン」二〇〇五年）、これまでの市民運動からの提案をすべて市の方針の中に位置づけて、「川崎市多文化共生社会推進指針──共に生きる地域社会をめざして」を発表しました。タウンミーティングを開催し、すべての意見を「民主的に」集約したものということになっています。しかしそのタウンミーティングに出席した私は、すべて草案が準備されており、その場で質問を求められて質問書に（草案と違う）自分の意見を記しても取り上げられることはなかったという経験をしました。一定の手続きを経て作成されたものであっても、その指針の中に外国人市民の思いが反映されているとはとうてい言えません。

阿部市長は、「多文化共生社会の実現」をめざしそのような指針を作り上げてきたのに、どうして「外国人は準会員」と発言し、その発言を撤回・謝罪することを拒んできたのでしょうか。阿部発言の真意は何であったのか、もう少し考えを進めてみます。彼は、外国人に参政権がない状況であるから、「準会員」という発言をしたのではありません。二〇〇二年のインタビューで阿部市長は、「国家というものは戦争をするときの単位」であり、「自治体は国権に関わる業務の一部を担って」いると語っています。（参政権があろうがなかろうが）いざというときに戦争に参加しない外国人は、国民国家の大原則として、日本人と同じ「会員」とは認めることができないと考えているのです。阿部市長のその「準会員」発言に対して数多くの批判、要望書が出されましたが、この戦争のくだりのところは問題にされませんでした。しかし私は阿部市長のこの国家観そのものがもっと大きな問題だと考えます。この国家観から、自動的に、「外国人は準会員」という発言に連なるからです。

阿部氏個人が大学の政治学の講義の中で、国民国家とは何かを論じて、ネオ・リベラリズム（新自由主義）がいかに正しく、その施策の重要性・有効性や憲法改正の必要性を力説するということはありうるでしょう。しかし日本は、戦争を放棄する憲法を持ち、戦争はしないということを国是としているのです。国家を「戦争をする単位」とし、外国人を「準会員」とするのは、外国人は「戦争に行かない者」と位置づけるからです。そうすると、「戦争に行けない」身体障害者、高齢者そして何より女性が「会員」からはずされそうです。また市民を「準会員」「会員」と分ける発想からは、オーバーステイの外国人は「準準会員」、さらに住民票もなく税金を納めていない野宿者は「非会員」[12]と言われそうです。上野千鶴子さんの発言は的確です——「会員・準会員という言葉は、戦前の…三等国民と変わりません。あるいは…二級市民とまったく変わりません」。

最後に、阿部市長はなぜこの発言を撤回・謝罪しなかったのでしょうか？　もちろん、それが彼の信念であるということは先に見てきました。しかし私は逆に、将来の開かれた地域社会建設のためには決して認めてはいけない内容であるにもかかわらず、「外国人は準会員」という発言の撤回をせずに弁解して問題解決を図った阿部市長を、どうして当初批判の声を上げた団体はそのまま放置したのかと尋ねてみたいのです。「神奈川民闘連」の要望書[13]を見ると、神奈川県の良心的な運動体の多くが名を連ねています。阿部市長がどのような答えをしたので、彼の発言を批判する動きが消滅したのでしょうか。市長回答の一つは、その発言が非公式なものであったということ、もう一つは、これまでどおり共生政策を続けるという約束です。

前者については、阿部市長の公的な場での「準会員」発言は確認されていますので、非公式発言という弁明を認めることはできませんし、百歩譲って非公式発言だとしても、非公式であれば市長のそのような差別発言は許されるのかという問題は残ります。

後者は、共生によって事業化してきたこと、および共生施策として決定したことは従来どおり実行するし今後も推進するという約束であって、事実、体系的な「川崎市多文化共生社会推進指針」を発表しました。「外国人市民代表者会議」の第一期、第二期の議長であり、青丘社の理事長の李仁夏《イインハ》氏は、確かにその発言の不当性を市長の前で批判しました。しかし李仁夏氏は後日、市長への「口封じ」をしたと発言し、それ以後、市長は「準会員」という発言をしなくなったので市長発言を問題にしないという姿勢を示しました[14]。

私は、これは在日運動のリーダーとしては問題にされるべき発言であり、姿勢だと考えます。アメリカの黒人運動のリーダーが、ニューヨーク市長の黒人への差別発言に対して、「口封じ」をして市長はその後、差別発言をしなくなったので問題はないなどと言うでしょうか。

阿部発言は個人の発言ではなく公人としての見解であり、その排他的な発言には一定の支持者がいるのです。「準会員」の発言をしなくなったことによって市民運動側に改心のポーズを示し、発言の撤回をしないことによって彼の発言を支持する一定の保守層には自分は自説を曲げていないよというメッセージを送っているのです。石原都知事の「第三国人」発言がその後発言がないということで済まされないように、公人の差別発言は「なかったことにする」のでなく、徹底的に撤回を求める必要があります。それは運動側の相対的な力量の問題になってくるでしょう。運動の力学によって、たとえ彼の本心がどうであろうと、外国人を「準会員」とした発言は不適切であり誤りであったので撤回するという発言を引き出さなければならないのではないでしょうか。

それにもかかわらず、阿部市長の「準会員」撤回の言質を取れないまま、彼の曖昧な弁解をよしとして発言の撤回を求めてこなかったのは、市長がこれまでどおり、多文化共生社会の実現に邁進すると約束したからに他ならないと思われます。すなわち、これは、これまでの共生パートナーの既得権の保証であると私は考えます。阿部発言はいみじくも、彼の憲法改正の主張⑮と合わせ、右翼的・国家主義的な思想を背景に新自由主義政策に邁進する政治姿勢を見せると同時に、多文化共生社会実現のスローガンによって、共生を推進する、既得権を持つ組織・運動体との密着な関係を維持しながら、反対勢力をすべて抱えこむことを画策したと考えられるのではないでしょうか。

阿部市長が新自由主義政策を掲げて当選する前は、川崎市は革新市政で、その時に掲げられた共生政策を阿部市政も踏襲したのであって、阿部市政になってから新たに共生政策を進展させたわけではありません。むしろ、革新市政が持っていた外国人市民に対する認識の限界を乗り越えることなく、ニューカマーの増加とともに理念として「多文化共生社会の実現」を掲げ、この間川崎で論議されてきた外国人施策を総決算したのです。しかし、実態としては、国の掲げる「当然の法理」をそのまま肯定し、川崎市が独自に外国籍公務員の差別をなくす任用政策をとることはしていません。それは地方分権の流れに逆行します。阿部市政の政治思想と政策を批判的に乗り越える視点が望まれる所以です。

川崎の「共生」の事例を検証する

「共生」とナショナリズムについて

日立闘争は在日朝鮮人というあるがままの自分を否定する社会への闘いであったことから、民族的アイデンティティを求めナショナルなものに回帰するようであって、実際は、偏狭な民族主義イデオロギーを解体する動きであったと思います。「民族運動としての地域活動」の拠点としての「民族差別と闘う砦」づくりということも、やはり、民衆運動と捉えていたこと、「民族差別とは生活実態」であると認識して地域に肉薄することを求めていったことからして、その動きは、偏狭な民族主義イデオロギーを解体していくもの、ナショナリズムの脱構築を目指すものであった、と私自身は総括しています。

この総括の上に立つと、これまで在日朝鮮人が当然のこととして使っていた同胞概念もそのまま認めることはできなくなります。同じように差別・抑圧されてきた、同じ民族、同じ同胞ではないかということで、例えば指紋押捺拒否運動は大きなうねりになり、実質的に指紋押捺制度を廃止させました。しかし、近年、日本政府はテロ防止という名目で、旧植民地下の朝鮮・台湾を対象にした特別永住権をもつ外国人は別にして、一般永住者まで含めて新たに入国する外国人の指紋押捺を再開し、しかもその情報は死亡時まで保存され警察当局が閲覧できるようになりました（二〇〇七年一二月一日施行）。この日本政府の法律改悪を阻止する運動を在日の組織・運動体は組めませんでした。対象が同胞でなかったからでしょうか。もちろん、日本の運動体も同じです。全く恥ずかしい限りです。これは在日外国人の分断統治です。偏狭な民族主義イデオロギーは乗り越えられなければなりません。

多文化共生は、原理的にマイノリティのナショナリズムを肯定するものでありながら、マジョリティのナショナリズムとも融和的です。共生の主張では、日本のナショナリズムの攻勢と闘うことはできないのではないかと思われます。共生批判は、偏狭なナショナリズム批判と結びつくのです。

この点についてひとつ、民族教育の問題を通して考えてみます。青丘社・「神奈川民闘連」の地域での闘いによって、川崎市の教育委員会を糾して「川崎市在日外国人教育基本方針」が制定されました。これは日本の学校に在籍する在日子弟の問題を直視しようとしています。これまで問題にされてこなかったことを取り上げ、在日子弟を前にして無知・無関心である教師に歴史や現実を知らしめるという意味では大きな前進であることは間違いありません。しかし角度を変えて考えてみましょう。市民運動が教育委員会を糾し、教育委員会が現場の教師を指導・管理するという枠組み自体が、教育委員会の立場を強化することになるという結果は看過されてはならないでしょう。教育委員会を糾していく運動体の思いは理解できても、その運動論そのものは現場教師に対する教育委員会の管理の強化という国策に乗じたものといえるでしょう。

「国旗、国歌法」成立以降、教育現場で日の丸を仰ぎ君が代を歌うように指示・強制する教育委員会の力が圧倒的に強くなり、改憲論者である阿部市長のもと、川崎市の教育委員会もまた東京都と同じような方向をたどることは間違いないでしょう。その川崎市の教育委員会が共生を目指した基本方針を推進するということ自体、多文化共生は日本のナショナリズムと融和的で、偏狭なナショナリズムの攻勢に抵抗し得ないということを物語っています。川崎市の教育委員会は、外国人子弟の母国の国歌や国旗を尊重すると言いながら、同時に、日本人生徒に君が代・日の丸を強要しようとするでしょう。

川崎市の教育委員会はどのようにして「川崎市在日外国人教育基本方針」を現場の教師に伝達し、現場の教師の理解を深めさせるのでしょうか。日本の大企業が部落差別をなくすといって形式的（強権的）に人事課の人間を集めて、人権教育ということで歴史や倫理などを講義するのと同じように、教育委員会も現場の教師を集めて民族差別に関する講義をするのでしょうか。そのような、とってつけたような形式的なことで、本当に現場の差別がなくなるのでしょうか。在日の多住地域の隣の区に住む私の家族は身内の者を含めてこの数十年、基本方針について学校から一片の説明も受けたことはありません。ただ一度だけ、何の説明もなく、基本方針を記したプリントをもらったことはあるそうですが。

在日朝鮮人の差別問題は、差別問題として特化するのでなく、日本の過去の歴史を直視し、それを基軸にして教育のあり方を根底的に問う次元でとりあげられるべきでありましょう。

川崎市の問題について

私は、川崎市が外国人施策においては全国で最も先進的な地方自治体であることを評価したいと思っています。しかし同時に、問題を持つことも指摘してきました。市長の、「外国人は準会員」という発言問題は、未解決です。この発言は、川崎市の多文化共生社会の実現を謳いながら、外国人を「準会員」として二級市民と扱っている点、および国家が戦争をすることを前提にしているという点で看過できません。また「外国人市民代表者会議」も形骸化したものであることを説明しました。門戸を開放し採用した外国人を、運用の面で差別し、門戸を閉ざした「運用規程」は市長一人の決断で見直すことができるということも明らかにしています。

阿部市長は、元来、国家主義的な国家観の上で、ネオ・リベラリストとして、市民の自己責任を問い、市民の市政への参加を責務とすることを高らかに謳いつつ、市の財政問題の改善を最大の課題と考えている政治家です。その施策は当然のこととして、社会福祉予算を削減し、愛国心を求めるようになるでしょう。その課題の遂行のための手段として、民営化路線を強行しようとしています。彼は福祉を重視するという、歴代の革新知事が敷いてきた路線との訣別を前提にしているのです。

辣腕の阿部市長は石原慎太郎都知事と同じく、超ワンマンです。着実に自分の方針を実行して成果を上げていく自信をもってきているようです。そのような市長にどのような働きかけが可能なのでしょうか。市の職員組合も当初は革新系の立候補者を支持していましたが、今は、阿部市長を推薦するようになりました。福祉予算を削減し職員の合理化を進める市長に反対するどころか、その施策に反対する組合員に逆に圧力をかけるありさまです。

阿部市政を支持するようになった川崎市職員組合に目を転じてみましょう。仲間の外国人組合員を差別する制度が明らかになっても、それと闘えない組合のレーゾンデートル（存在意義）とは何なのでしょうか。二〇名を超える外国籍公務員も自分の問題であっても声を出せないでいます。しかし今回、初めて声を上げた韓国人職員がいることは先に触れました。それだけ締付けが厳しく、管理が徹底していて動きがとれないということなのでしょう。

一〇年間、「共生の街」が宣伝され、「多文化共生社会の実現」は川崎市のスローガンのひとつになりましたが、採用した外国籍公務員を差別する制度に反対の運動が広がらなかったのは何故なのでしょうか。組合も運動体も一応は反対します。しかし先に触れたように、市当局と一緒になって「川崎方式」という差別の制度化・構造化をもたらすこのやり方を練って作ったのですから、反対に熱が入らないのも当然だと思われます。外国人を「準会員」と捉え、外国人を排除する考え方によって作られた「当然の法理」を前提にする阿部市長に対しては、「運用規程」ひとつとってみても、その問題点を指摘するには、市長と対峙する覚悟がないとできません。職場や組合においても孤立を余儀なくされるでしょう。

日立闘争が民族問題から、自分の住む地域や職場を「開かれた場」にしていく闘いになっていったのに、川崎市職員の中の在日問題の多くの理解者は、民族問題に特化した考え方をしており、自分の問題として自分の職場を変革しようとはしていません。在日の問題ではなく、自分の問題なのだということを理解しないと、在日朝鮮人への「恩恵」「施し」に終わります。それはパターナリズム（家父長的温情主義）です。外国人市民に理解の深い、「層の厚い」職員[16]は今の保守派政治の流れに首をすぼめ、次の機会を待っているのでしょうか。川崎市の職員の中で「パラダイムの転換」はいつ起こるのでしょうか。川崎市の中でも新たな日立闘争が必要なのではないでしょうか。

市民運動の問題について

在日大韓基督基督教会川崎教会が隣人への愛を掲げ信仰の証として作った社会福祉福祉法人青丘社は自らの歩みをホームページの中でこのように記しています。「青丘社は、在日コリアンの多く住む川崎南部の工場地帯に隣接する地域にあって、在日コリアンと日本人が、共同で、民族差別をなくす市民運動、地域活動を推し進める中から生まれました。民族差別は、最も弱い立場の子どもたちの育ちに色濃く表れることから、子どもと共に歩む活動を基軸として桜本保育園を設立し、地域における実践を展開してきました。そして民族差別をなくす市民運動が、行政とのパートナーシップを求め、長い話し合いの中から一九八八年ふれあい館がオープンしました。そして、新しい生活課題と向き合う作業が営まれ、保育、児童館、社会教育、高齢者福祉、障害者福祉など、生活者の立場に立った幅の広い事業実践を担う青丘社のネットワークを作り出しています。」（青丘社ホームページ http://www.seikyu-sha.com/profile/seikyusya.html）

事業体としてのふれあい館は、他のＮＰＯ活動と同じく、本来市がやるべきことを民間団体が委託事業として廉価で、自ら進んで請け負っていくのですから、その物理的な負担も並大抵なことではないはずです。行政が求める民営化というのは、本質的に、民間業者が行政に代わって主に非正規雇用者を雇って低賃金で仕事をさせるという構造になっているのです。この点も上野さんが、基調報告の中で川崎の応用問題として指摘していたとおりだと思います。

青丘社という社会福祉法人が民族差別と闘う運動体として機能する「幸せな時期」があったことは先の小論「「日立闘争」とは何だったのか」で記しました。しかしふれあい館が市の委託事業として完全に経済的に従属した状態になっても、市のパートナーとして、相互批判と情報公開の原則に立って、市の抱える問題点を指摘・批判することができるのでしょうか。これは青丘社・ふれあい館の問題であると同時に、日本のＮＰＯが抱える問題でもあります。

数年前、川崎の小学校で児童が二階から落ちて脳挫傷・頭蓋骨骨折するという重大事件が発生しました。川崎市は、財政改善の大方針の下、徹底的な民営化路線を進めることを決定し、学童保育を廃止してわくわくプラザという、高学年の児童を含めた全児童を対象にする民間の事業にしていました。青丘社は川崎南部の在日朝鮮人多住地域内の委託契約を市と結び、わくわくプラザを運営することになっていたのです。そのわくわくプラザで起こった事故です（「川崎市わくわくプラザ」に関するＤＣＩ日本支部の見解（第二次案）二〇〇二年一二月二六日 Defence for Children International 日本支部 http://www.eqg.org/fighters/waku/dci/20021226dci.htm ）[17]。

小さな施設に全児童が来ることを建前にするこのわくわくプラザ事業には、当初から危険視する声が多くありました。危険を承知で事業展開するのであれば、それなりの準備が必要であったはずです。二階の窓際に物が置かれているのに事前にそれをチェックせず（確認することは契約上、明記されています）、二階には子どもを看るスタッフが誰もいないということから事故が起こりました。スタッフへの教育もなくマニュアルも準備していない、そういう姿勢で事業参加をしたこと自体が問われなければならないはずです。

それと事後処理の問題です。川崎市の担当課長と、ふれあい館の現場のスタッフは事故の責任を問われ警察から書類送検されました。普通の民間の事業体であれば、事業体の責任者は処分を受けるか、責任をとって辞めなければなりません。ところが今回の場合、誰も責任をとらず、何の処分もなかったようです。この事業を決定した青丘社の理事会、この事業の推進主体のふれあい館内部で、この事故をめぐって徹底した検証がなされたのでしょうか[18]。これは、三〇年前の保育園のお母さんたちの問題提起のときに、私が青丘社の内部体制を再検証すべきであると主張していた点と通底します。問題がおこったときに、組織・運動体のあり方を徹底的に見つめ直すということなくしては、組織・運動体の内実を深めることはできないのです。

次の疑問点は、どうして川崎南部の朝鮮人多住地区での事業展開の権利を川崎市は当然のように、社会福祉法人青丘社・ふれあい館に与え契約したのかということです。川崎全市の中で、青丘社・ふれあい館だけが唯一、共生ということで、わくわくプラザの事業化の権利を与えられたのであれば、ふれあい館のあり方を考えると、これは大変危険な兆候です。民族運動・活動をしてきたことを既得権として、自分たちの事業にしていくということを市と青丘社相互が了解しあっていたのならば、それ自体が問題です。これを運動の成果として手放しで喜んでいいのか、私には疑問です。見方を変えてみると、共生のシンボルとしてのふれあい館の事業化は、市の民営化路線の推進と、共生施策による市のイメージアップとして活用され、青丘社は事業の拡大という利権を既得権として得るようになったと考えざるをえません。

この疑念を払拭するためには、青丘社・ふれあい館は、市当局に対して是々非々で明確な態度を示し、問題がある場合は住民の代弁者として市当局と「ボス交」をしないことです。住民が正確な情報を得て自分で判断して行動できるような、地域のコミュニケーション・センターとしての役割を明確にする必要があります。それには何よりも、青丘社・ふれあい館自らが、相互批判と情報公開を保障する、開かれた組織になっていかなければならないでしょう。

青丘社・ふれあい館が川崎市のパートナーであるとしても、自らは地域の地道な活動に徹するとともに、市当局に対して差別制度を批判し当事者の要求を主張する他の団体とも友好的に連帯し、地域における大きな戦線を構築する方向に歩む必要があるのではないでしょうか。青丘社・ふれあい館あるいは「神奈川民闘連」という市民運動体が川崎市の唯一のパートナー、窓口になっていくことは、開かれた地域社会を作っていくのにふさわしいあり方とは思えません。独占は組織の閉鎖性と独善性、権力との癒着をもたらす可能性があるからです。

開かれた「地域社会」を求めて

「民族差別と闘う砦」は組織ではなく、実は、私自身に求められていたのだ。その砦づくりとは、個を押しつぶそうとするあまりに大きな社会の壁、慣習の前で脅え立ちどまる己自身がそれらを直視し、変革していく主体になっていくことではなかったのか。民衆運動とは、変革を求める個と個の出会い、触れ合いからはじまる。祖国から離れ、日本社会の周辺に追いやられていた私たちは、実は、個が自立し個を尊重するという、世界の流れの中心にいるのだ。在日朝鮮人にとっての民族主体性は、やはりこの個の自立から出発する。

（「個からの出発─ある在日の歩み、70年代の川崎を中心にして」ブログ「OCHLOS《オクロス》」
https://oklos-che.blogspot.com/2019/09/70.html）

日立闘争の歴史的な意義を探る中で、闘いの過程において「パラダイムの転換」が起こったことをこれまで記してきました。その「パラダイムの転換」によって、開かれた「地域社会」や職場を目指す方向が見えてきました。その闘いとは、まさに当事者としての闘いです。私たち在日と日本人との共闘というのは、お互いが明確な目標を掲げ、自らの課題をもち、一緒にできることを担いあうということです。運動を進める組織体制の内実・主体が問われます。思いだけでなく、その思いを具体化するためには、多くの市民・個人の協力が必要です。

現実の問題としては、前述のケースワーカーになることを願う在日職員の希望を実現させなければなりません。そして同時に、その背景にある、市民を管理の対象にしながら、財政難を理由に住民の福祉を軽んじる川崎市の新自由主義的な政策を変えていく必要があると思います。

山田貴夫氏が指摘するように、外国籍市民が、同じ市民として「内外人平等」[19]を求めるのは最も重要な課題のひとつです。そのためには、外国人を「準会員」とした市長発言は、撤回させなければなりません。これらのことを推し進めるためには、既成の労組のような大組織に頼らないで、市の職員を含めて、市民・個人の立場で立ち上がろうとする人たち同士の協力がなくては実現できないでしょう。共闘を目指した運動を推し進めるための原則は、明確な指針とともに、相互批判と情報の公開を保障することです。この原則に基づいて、これまでの運動のあり方、永年にわたって築きあげられた運動の功罪と枠組みを見直す時期にきていると考えます。

いかなる組織も、地域において一定の基盤を持ちはじめると多くの問題を抱えるようになります。ふれあい館館長がある日、地域の高齢者を集めて、何か問題があっても市に集団で抗議に行くということをせず、ふれあい館に来なさい（ふれあい館が市と交渉してうまく解決してあげるから）と、ふれあい館が地域住民の代弁者となっていくような発言をしたということを、当日集会に参加した地域の婦人から聞きました。エスタブリッシュメントになり、既得権と特権を持ち始め、住民の代弁をするのみならず、行政の防波堤としての役割を果たすような体質にならないように、あくまでも住民自身が自ら市と交渉するようにすべきです。そのためにも今一度、市の民営化路線に乗って委託事業を拡大していくことの是非、その功罪を徹底的に検証する必要があるように思います。開かれた「地域社会」を目指す運動のあり方、それを担う体制について、根本から見直すことが必要になるでしょう。

三〇年前に青丘社・桜本保育園に問題提起した保育園のお母さんたちのあの、心からの訴えと自発的な活動を受け止めることができず、その問題提起によって内部のあり方を正すことができなかった、過去の「出来事」を改めて現在の問題として捉えなおしていく必要があると思われます。自らのあり方、組織の体制を直視して内実を深める作業がなされないまま、市との提携の下で拡大路線に邁進するとき、必ず大きな問題に直面すると思われます。わくわくプラザ事件は過去のものではありません。

私は、日立闘争のあと作られた地域活動の基盤である青丘社・ふれあい館が今後内実を深め、地域を基盤にして、南北朝鮮政府の傘下にある大衆団体に属する、あるいは全く属さない在日の民衆との共生をも推進していってほしいと願います。同時に、地域に住むあらゆる市民が国籍・民族を超えて、「開かれた地域社会」を目指していくことに貢献できるようになってほしいのです。それは、私たちが日立闘争の後の地域活動を提唱してきたことの実現でもあります。

私たち自身もそのような動きの中に参加し、共に闘えることを願っています。

今や日本は外国人の存在なしには、成り立たなくなっています。そうであるならば、自分の住む地域の中で、あらゆる異なった立場の人たちが、おかしなことをおかしいと主張し自分たちの要求をし続けるべきでしょう。そのためには他者の要求も理解し認めあって生きていける社会を作るしかありません。それは地方分権を進めるべき地方自治体のもと、「開かれた地域社会」を求めることです。それはもはや血統原理による社会ではなく、すべての国籍や民族の異なった人々が一緒になって建設していく地域社会です。そういう社会の建設は日本人自身の目標でもあるのではないでしょうか。だからこそ私たちは共闘できるのです。

公明党と民主党が外国人の地方参政権の実現を打ち出したため、外国人住民の地方参政権のことが話題になりはじめています。しかし今のところ、選挙権はあっても被選挙権はないようです。政党が党勢力拡大のためでなく、外国人市民の権利のことをどこまで考えているのかは疑問です。外国人の排除を明記する「当然の法理」の問題点、それを前提にする地方自治体の任用施策の問題が認識されているのかも疑問です。外国人当事者の実態を論議することなく、外国人に参政権を与えるということでは、今後も多くの問題が残るということは認識されるべきでありましょう。

外国籍公務員の差別を一切撤廃するということは、国家の「当然の法理」原理に拘束されずに、自治体が独自に任用政策を行なうことになり、地方分権の内実を問うことになるでしょう。

「開かれた地域社会」の実現と、地方分権の確立とは表裏一体のものです。私たち外国人市民の要求は、日本社会の変革を願う日本人市民の課題と一致すると確信します。共闘の目標は明確です。現在の川崎市の新自由主義政策と多文化共生との関係は、新自由主義を克服した次の時代にはどのようなものになるのでしょうか。その答えは、当事者の内実を深め、今足下で行なわれている問題を直視しその変革を要求していくところから見いだされるのです。

私は在日朝鮮人の社会参加を願い、それを求めて闘い、生きてきました。その主張はしかし、批判をするのではなく中に入って（＝参加して）いくのだという趣旨から言われだした「要求から参加へ」とは違います。外国人市民代表者会議のように、外国人市民が市長に「報告」や「意見の申し出」をするだけの、自らが当事者として関わることのできない組織を作り、そこに関わることが在日のあり方としての参加などと主張すべきではないでしょう。それは二級市民に甘んじることです。問題のある社会に埋没するような参加ではなく、その社会を変革するために私たちは自らが当事者となる権利を要求するのです。要求を通して、私たちは社会参加をし続けます。

私はここまで日立闘争の歴史的な意義を探りつつ、共生を掲げる川崎市と、市と提携する市民運動側の実態を批判的に検証してきました。この検証は、日本人と在日を含めた外国人住民との共闘のあり方、方向性を模索し、「開かれた地域社会」を求めるためのものです。批判とは相手の存在の否定ではありません。相互批判と情報公開が運動前進の前提です。私たちはその前提に立って、あらゆる立場の人との共闘を模索したいと願います。この小論で考えてきたことが、他の地域で自らの課題を追求して闘う人たちの参考になればと願ってやみません。最後に、超多忙に活動をされている上野千鶴子さんに、「「共生」を考える研究集会」の基調報告を引き受けていただき、また多くの助言をしていただいたことを心より感謝します。彼女の「川崎についての応用問題」という、踏み込んだ勇気ある発言に応えたいと、この小論を試みました。

＊注

（1）国家公務員法、地方公務員法には国籍条項についての規定はありません。地方公務員になる資格として、法律は国籍のことを問題にしていないということです。そして「日本国籍を有しない者を任用するかどうかについては、それぞれの地方公共団体の実情に応じ、当該地方公共団体において判断されるべきもの」ということになっています（一九七九年、八二年の政府見解）。ちなみに「任用」とは、『岩波国語辞典』によると、「ある人を役目につけて使うこと」だそうです。すなわち、地方自治体は本来、外国人の採用、職務、昇進に関しては独自の判断でできるということなのです。一九五三年に内閣法制局は、「明文の規定が存在するわけではないが、公務員に関する当然の法理として、公権力の行使、又は国家意思形成への参画にたずさわる公務員となるためには日本国籍を必要とするものと解すべき」という見解を示し、一九七三年には、「当然の法理」が地方公務員にも適用されるという行政実例を出しました。この「当然の法理」によってこれまで地方自治体は外国人への門戸を閉ざしてきたのです。

（2）金侖貞『多文化共生教育とアイデンティティ』（明石書店、二〇〇七年、八三―一〇二頁）には、「川崎市在日外国人教育基本方針」設立の経過が詳しく紹介されています。この本は、日立闘争から説き起こし、現在の青丘社・ふれあい館の歴史、川崎市の対応について資料を丹念に集めた事例研究で、金氏の東京大学での博士論文を出版したものです。資料収集と分析から日立闘争を位置づけて、そのすべてが共生に向かってきたという流れになっています。それは日立闘争を担ってきた当事者の主張する日立闘争の意義と全く正反対の結論になっています。金氏の著作の最大の欠陥は、日立闘争の当事者である朴鐘碩自身に会わずに彼のことを書いていること（故人でもないのに）、および青丘社の二年に及ぶ「混乱」に一切、触れていない点です。また私たちが川崎市の「当然の法理」を前提にした門戸開放に対する批判や指摘に全く言及されていない点も気になるところです。

（3）「川崎市在日外国人教育基本法」http://www.city.kawasaki.jp/二五/二五zinken/home/gaikoku/gaikoku-kyouiku-kihon.htm

（4）川崎市における業務運営システムとして、市民への行政命令や指導の場合は、現場の職員は必ず上司から決裁をもらわなければならないということを明記したものです。

（5）崔勝久「川崎市の人事課からのヒアリング―「「運用規程」の…「見直し」について」https://oklos-che.blogspot.com/2007/10/blog-post_16.html

（6）川崎市「外国籍職員の任用に関する運用規程―外国籍職員のいきいき人事をめざして」。「エキスパート、スペシャリストの育成」と「ジョブ・ローテーションの充実」が謳われ、最終ゴールは「二〇一〇プランの推進（第二次中期計画）」です。不要な部署をなくし民営化し、新規採用を控えて、今までいた職員は「ジョブ・ローテーション」によって他の職場に移すということなのでしょう。既に数千名規模の人員削減計画が発表されています。ある地方の保育園では、事務を担当していた課長が突然保育園の園長になったり、料理の経験もないのに給食係に回されるという事態になっています。川崎でも早晩、そのようなことが起こるでしょう。これは何を意味するのでしょうか。共生という大きな流れの中で、誰もが反対できない外国人の「門戸の開放」のためにということで作られた「運用規程」は、「いきいき人事システムと運用規程」と銘打った、すべての職員を対象にした合理化システム構築の一部であったということです。外国人公務員への「門戸開放」として万雷の拍手をもって迎えられながら、市当局は、同時に、大規模な合理化の準備を着々としていたということになります。

（7）金侖貞氏は「川崎市の外国人施策が新しい段階にさしかかった」と捉え、「外国人当事者が自らの手で施策を創り出す」ものと記しています（金侖貞前掲書、一四三―一四五頁）。注二を参照。

（8）〈連絡会議〉と市の参画室、人事課との直接交渉の席で何度訊いても、市当局からの明確な回答はなされませんでした。

（9）参画室の情報によれば、二六名の「代表」枠に第一期（一九九六―九七年）は二五八名が応募し、以下、二期は九三名、三期は二一一名、四期は一四五名、五期は四〇名、直近の六期は三一名ということです。なお、激減している五期から葉書による案内はなくなっています。

（10）山田貴夫「地方自治体の外国人施策―川崎市を事例として」（富坂キリスト教センター在日朝鮮人の生活と住民自治研究会編『在日外国人の住民自治』新幹社）七九頁。

（11）多文化共生をふまえた地域社会づくりの推進の重要性を示しながらも、阿部孝夫氏は市長当選後の『正論』（二〇〇二年一月号）のインタビューならびに「地方新時代市町村シンポジウム」でのパネル・ディスカッションにおける発言で、「近代における国家というのは戦争をするときの単位なんですね」、「日本国民と、国籍を持たない外国人とでは、その権利義務において区別があるのはむしろ当然のことなんです」、「分かりやすくいえば、会員と準会員は違うということです」と述べています（『民闘連ニュース』五〇号）。

（12）連絡会議の席で、もと市職員で今も野宿者のことで駆けずり回っているT氏は、市長の「外国人は準会員」発言の問題性はわかったが、野宿者は（日本人であっても）「会員」でさえなく、人間として受け止められていない「非会員」であるということを話してくれました。そうか、そもそも「準会員」発言を追及するとき、そのような分け方をする発想そのものと闘わなければならないということか、作り上げられた国民国家の発想・感性を克服することを自分自身の課題として見つめ直さなければならないな、と強く思ったのはこのときです。ここから、同じ在日だからという同胞意識の脱構築ということを私は意識し始めました。

（13）二〇〇二年五月九日、「阿部市長の外国人市民への…準会員発言ならびに平和・人権施策及び外国人市民施策のさらなる推進についての申し入れ」。参加団体は以下です。在日大韓基督教会川崎教会・金性済、日本基督教団川崎戸手教会・孫裕久、戸手地域活動センター・孫裕久、日本基督教団元住吉教会・三宅宣幸、日本基督教団神奈川教区社会委員会・内田保彦、日本基督教団神奈川教区社会委員会多民族共生をめざす小委員会・君島洋三郎、部落解放同盟神奈川県連合会川崎支部・土谷満男、部落解放川崎地区共闘会議・門倉慎児、民族差別と闘う神奈川連絡協議会・金秀一・大石文雄、（社）神奈川人権センター・星野昌子、民族差別撤廃・外登法の改正をめざす神奈川県連絡会議・和田秀樹、（社）川崎地方自治研究センター・森山定雄、日本婦人会議川崎市本部・仲井勝江、市民連合かわさき・海老塚美子、神奈川ネットワーク運動川崎市議団・渡辺あつ子、日本労働組合総連合会神奈川県連合会川崎地域連合・堀田靖二、神奈川県高等学校教職員組合執行委員長・竹田邦明、全水道川崎水道労働組合執行委員長・臼田秀司、川崎交通労働組合執行委員長・佐藤教雄、川崎市教職員組合執行委員長・吉田正和、自治労川崎市職員労働組合中央執行委員長・和田秀樹

（14）李仁夏氏は、「準会員」発言をした阿部市長に「口封じ」をしたと本人も認めています。「口封じ」と

いうのは身内の中で通用するものです。日立闘争とその後の地域活動を担い、共生の提唱者であり、在日のリーダーである李仁夏氏が、自分たちの権利を認めさせる相手である自治体のトップに対して「口封じ」をしたというのは、これ以上差別発言が続くことはよくないという判断をした上で、市長にアドバイスをしたということなのでしょう。しかも李氏は阿部市長に抗議をしたとき、「外国人を疎外するとテロの可能性がある」というようなことまで言っています。地域社会のあるべき姿を求めるとき、外国人を「準会員」とする発言は絶対認めることのできない、許してはいけない発言です。公人のそのような公けの場での発言は、あくまでも撤回させなければいけないのです。その後、発言しなくなったとして済ませられる問題ではありません（外国人への差別を許すな・川崎連絡会議編、資料編『共生の街」川崎の問題点を探る』三四―三六頁）。

(15)「率直に申し上げて今の憲法は、九条の問題を含めて国内の現状、国際情勢などに照らして実情に合っていないと思います」（前掲『正論』の中での阿部孝夫氏の発言）。

(16) 山田貴夫、前掲論文、八〇頁。山田氏は、「まとめと課題」の項で、川崎市の職員について、「層の厚さも他都市に比較すると誇れる財産」と誇らしげに記します。しかし私は、この間市と交渉する中で、市の職員は阿部市長の顔色を窺っているなと感じることが多く、例えば、「準会員」発言にしても、「運用規程」にしても、あの市長が決めることだからどうしようもないという態度で、自分たちから市長に物申すということは全くありえないように思いました。

(17) 日本共産党「学童保育統廃合に意見書」（『しんぶん赤旗』二〇〇二年一二月二七日）。子どもの権利のための国連NGO、DCI日本支部「川崎市「わくわくプラザ」に関するDCI日本支部の見解」

(18) 私の知る限り、ふれあい館副館長の三浦知人氏は、事故の責任を現場の担当者に押し付けることに反発し、全体の問題であるという見解を公にした唯一の人物ですが、その後内部でどのような話合いがなされたのかは、公表されていません。頭蓋骨陥没の事故で、再発の危険性をもつ子どもに対して、市と青丘社は雀の涙ばかりの見舞金を提示しました。両者の謝罪は明確でなく、子どもの将来に不安をもつ両親は憤っています。将来の保証に対して市と青丘社は明確な態度を示すべきです。

(19) 山田貴夫氏は、「多文化共生の地域社会を築くキーワード」は、①「内外人平等主義」の徹底 ②民族・文化・宗教等の違いを尊重し、「アイデンティティの保全の権利」を承認すること ③市民として「住民自治への参加」の権利の保障 ④戦争責任、特に加害者責任の自覚、を挙げています(前掲論文、八一頁)。

参考文献

伊藤晃「大日本帝国憲法と日本国憲法のあいだ─歴史からみた香均氏の訴訟」鄭香均編著『正義なき国、「当然の法理」を問い続けて』明石書店、二〇〇六年
上野千鶴子『ナショナリズムとジェンダー』青土社、一九九八年
──『生き延びるための思想─ジェンダー平等の罠』岩波書店、二〇〇五年
──編『脱アイデンティティ』勁草書房、二〇〇五年
小熊英二『単一民族神話の起源─〈日本人〉の自画像の系譜』新曜社、一九九五年
桑原洋子『社会福祉法制要説』有斐閣、一九八二年
塩原良和『ネオ・リベラリズムの時代─オーストラリアン・マルチカルチュラリズムの変容』三元社、二〇〇五年
鈴木道彦『越境の時─一九六〇年代と在日』集英社新書、二〇〇七年
田川建三『批判的主体の形成─キリスト教批判の現代的課題』三一書房、一九七一年
高橋哲哉『戦争責任論』講談社学術文庫、二〇〇五年

鶴見俊輔・上野千鶴子・小熊英二『戦争が遺したもの―鶴見俊輔に戦後世代が聞く』新曜社、二〇〇四年
富坂キリスト教センター在日朝鮮人の生活と住民自治研究会編『在日外国人の住民自治』新幹社、二〇〇七年
富永さとる「誰にとって哀れな国なのか―「国家主権」の正体とふたつの民主主義」、鄭香均編著『正義なき国、「当然の法理」を問い続けて』明石書店、二〇〇六年
中西正司・上野千鶴子『当事者主権』岩波新書、二〇〇三年
西川長夫『増補　国境の越え方―国民国家論序説』平凡社ライブラリー、二〇〇一年―『国民国家論の射程―あるいは〈国民〉という怪物について』柏書房、一九九八年
花崎皋平『「共生」への触発―脱植民地・多文化・倫理をめぐって』平凡社、二〇〇二年
―『増補　アイデンティティと共生の哲学』平凡社ライブラリー、二〇〇一年
望月文雄・文多恵編「青空保育　つくしん子たち」『Syndrome』一九九八年
森巣博『無境界家族』集英社文庫、二〇〇二年
安炳茂『民衆神学を語る』信教出版社、一九九二年
李仁夏『寄留の民の叫び』新教出版社、一九七九年
李建志『朝鮮近代文学とナショナリズム―「抵抗のナショナリズム」批判』作品社、二〇〇七年
呉鋭秀「在日朝鮮人に対する同化教育についての考察―解放後の大阪を中心に」一九七二年、〈朴君を囲む会〉事務局
姜尚中・森巣博『ナショナリズムの克服』集英社新書、二〇〇二年
金侖貞『多文化共生教育とアイデンティティ』明石書店、二〇〇七年、
徐京植『皇民化政策から指紋押捺まで―在日朝鮮人の昭和史』岩波ブックレット、一九八九年
―『半難民の位置から―戦後責任論と在日朝鮮人』影書房、二〇〇二年

崔勝久「差別社会の中でいかに生きるか―朴君の訴訟を手がかりに」『朝鮮研究』一〇六号、一九七一年、
――「差別社会の中でいかに生きるか――五〇年前の拙論」https://oklos-che.blogspot.com/二〇一八/一〇/blog-post_二二.html
――「民族差別とは何か―青丘社での民族差別の本質を問うティーチイン資料として」一九七六年 https://oklos-che.blogspot.com/2018/10/in-1974.html
――「今改めて、日立闘争の私にとって意味を問う、朴君の定年退職を祝う集い」https://oklos-che.blogspot.com/2012/01/blog-post_07.html
曺慶姫「「民族保育」の実践と問題」『日本における多文化共生とは何か―在日の経験から』（朴鐘碩・上野千鶴子ほか著　新曜社）
鄭香均編著『正義なき国、「当然の法理」を問い続けて』明石書店、二〇〇六年
鄭百秀『コロニアリズムの超克―韓国近代化における脱植民地化への道程』草風館、二〇〇七年
朴一『〈在日〉という生き方―差異と平等のジレンマ』講談社、一九九九年
朴鐘碩「民族的自覚への道―日立就職差別裁判上申書」『民族差別「日立就職差別糾弾』（朴君を囲む会編　亜紀書房　一九七四年）
朴裕河『反日ナショナリズムを越えて―韓国人の反日感情を読み解く』河出書房新社、二〇〇五年
――『和解のために―教科書・慰安婦・靖国・独島』平凡社、二〇〇七年
尹健次『「在日」を考える』平凡社、二〇〇一年
朴君を囲む会編『民族差別―日立就職差別糾弾』亜紀書房、一九七四年

川崎での次の目標―差別をなくす運動が全世界の未来に通じる

ヘイトデモを中止させた市民の運動

6月5日のヘイトデモを中止させた市民の行動は画期的でした。こんな人物だったのか、映像でヘイトデモのリーダーらしく人物の映像を見ました。川崎のヘイトデモに関する抵抗はひとまず、一段落というやっぱりという感じですね。川崎のヘイトデモに関する抵抗はひとまず、一段落というところでしょうか。これは歴史的な勝利であったと思います。

川崎市のヘイトデモ隊への公園使用不許可から始まる一連の運動成果を私はFB、ツイッター、ブログで情宣してきたのですが、その反応は大きく、数万人の人が累計で以下の記事を読んでいます。

川崎から、日本から差別を許さない社会を作るための条例化

しかし私たちがなすべきことはヘイトスピーチへの対抗だけでなく、川崎から、日

本から差別を許さない社会を作ることではないでしょうか。それにはあらゆる差別を許さない条例を作る必要があります。川崎市における世界水準の差別を許さない条例化のこともおそらく今後の課題として議論されるでしょう（「川崎市差別のない人権尊重のまちづくり条例」は実際、２０１９年12月に制定されました）。

しかしそのような条例化だけでは差別をなくしていくには不十分だと私は思います。何度かみなさんにご紹介していますが、私は川崎市が外国籍の地方公務員の差別を制度化した問題が不問に付されたまま今日に至っていることをこの際、しっかりと市民の力で克服しなければならないと考えるのです。

「当然の法理」について

これはサンフランシスコ条約の締結の前に、日本の植民地支配の中で多くいた朝鮮人と中国人の公務員（当然、日本国籍でした）を排除するために作られた「当然の法理」と呼ばれる政府見解を各地方自治体がそのまま金科玉条のごとく踏襲しているということです。地方国家公務員法には国籍条項がないにもかかわらず、川崎で生まれ育った在日が公務員になるというのはありえないはなしであったのです。しかしそれでも門戸は開放されていきました。多くの在日は外国人への門戸の開放を喜びましたが、管理職昇進の禁止と職務の制限（約２割）を知った当時の川崎のオモニたちは、川崎は門戸を開きながら後ろ手で閉めたと言っていました。名言です。

これは結局、戦後の「平和と民主主義」とは何であったのかを問うことになります。経済復興を目標に「平和と民主主義」を掲げながら植民地支配の清算をしなかったことが、外国人への差別が一般市民の中で黙認、当然視されてきた根本的な問題だと言えます。これは戦後の日本の運動が植民地主義の清算の問題を直視することなくアメリカの核の傘の下で、一国平和主義に終わってきたことと関係するでしょう。

これは国のあり方を問う問題ですが、同時に地方自治体の自立の問題でもあります。戦争推進に全面的に従事してきた地方自治体がその反省の上で地方自治独自の在り方を求めるのは当然の課題でありました。しかし日本の民主主義はそのような内実をもたなかったのです。この制度化された差別が一般の人々の差別意識に支えられ、またその差別意識を増幅しているのです。

川崎における次の課題

川崎市は全国で最初に外国人への門戸を開きながら、採用された外国人公務員には管理職にならせないこと、市民に命令する職務に就かせないという内部規約を作りました。そこには行政、組合、市民運動がかかわりました。門戸開放の条件としてそのような内部規約が作られたのでしょう。しかしながら川崎市の差別制度こそ、まさに差別の象徴だと考えます。この問題が解決されない限り、川崎から差別をなくしていくことはできません。

ヘイトスピーチは許されない、差別をするなと発言している人の中でも川崎にこのような問題があることはご存じない方が多いものと思います。川崎の前市長は、「いざという場合に戦争にいかない外国人は『準会員』である」と言いましたが、多くの川崎の運動体はこの発言を在日に対する差別の問題ととらえ、自分たちの問題であり地方自治体の在り方を問うものだという理解をしなかったため、市長は従来通り共生政策を続けるということで幕引きされました。そして今は、この問題は棚上げにされたまま、川崎は「共生の街」といわれるようになっています。

門戸の開放によって地方公務員になった外国籍公務員の課長以上の昇進を禁じ、一般市民に命令する仕事はさせないという職務制限をしていることを現市長は「差別でなく、区別である」と言い続けています。もちろんこれは、川崎だけでなく、全国すべての地方自治体でも同じです。

差別をなくす運動が全世界の未来に通じる運動につながる

在特会系のヘイトデモを中止させた川崎での市民運動の勝利の後の課題はなんでしょうか。川崎市がこのような差別を制度化しているという事実をしっかりと受け止めていただきたいと願います。

この問題を取り上げること中で様々な問題が浮上するでしょう。反核平和都市宣言をした川崎市は市内に戦争に加担する技術、製品を売る大手企業を抱えています。NEC然り、その最大手は東芝です。東芝はこの15年間で64基の原発を製造・輸出する計画を発表しました。

日本の政党、マスコミは原発の輸出に触れることは少なく、その中でも共産党などは反原発の旗手の働きをしているのですが、他の政党と同じく、具体的に東芝、日立、三菱重工（その他下請け多数）の名をあげることはしません。それは連合のように企業の中に政党と関係する組合があるからなのでしょうか、その理由はわかりません。

しかし川崎市民の中で東芝、日立が福島で事故を起こした原発を製造した会社であることを知る市民は圧倒的に少ないのです。ましてや東芝が64基もの原発を製造・輸出しようとしていることをほとんで知る由もないでしょう。

東芝の原発の小型化の技術及び原発の輸出にはあのビル・ゲイツもかかわっています。反原発の運動は国際連帯によって進められなければならない理由です。

毎年千名を超える反原発の3・11集会をやっている川崎においても、その足元で原発が作られ、輸出されることに反対する声はあがりませんでした。原発輸出は武器輸出です。原発は「戦力」なのです。私たちはメーカー訴訟において、原発の製造そのものが違憲であることを主張しています。

反核と反原発はひとつのものでなければなりません。川崎でヘイトスピーチをなくす、差別をなくす市民運動が広がることは、核や原発による「原子力の恐怖」から免れて生きる社会にする運動とつながります。差別をなくす運動が全世界の未来に通じる運動につながるということを皆さんに理解していただきたいと願います。

第二章　人権の実現について—在日の立場から

川崎の工業化（近代化）の歴史は今年（二〇一〇年）で一〇〇年、それは韓国併合と時を同じくします。一九五八年八月一一日には、公害と差別と貧困の真只中で、日本社会に絶望した川崎の在日から北朝鮮への帰国の嘆願の声が上がりました。[1] しかし、今ここに生きる在日は、「出エジプト」をして祖国に生き延びる場を求めるのではなく、「エジプト」を変革し、国籍を超えすべての「住民が生き延びる」ための「地域の変革」に全力を尽くすべきだと私は思います。[2]

はじめに

この小論においては、在日の「人権の実現」について以下の視点を提示します。

まず第一に、「人権の回復」が求められているのは、じつは日本人社会ではないかということを明確にします。マイノリティである在日への差別は、日本人社会が抱える「病」が根源となっており、本当に人間らしく生きることを求められているのは、日本人マジョリティの側なのではないのかという視点です。[3] しかし本論は、これまでよく言われてきた、在日問題は日本人問題であるということから在日問題への関心や具体的な関わりを求める主張とは、全く意見を異にしています。[4] 日本人社会は敗戦後、国民レベルで徹底した植民地支配の清算をすべきであったのに今日に至るまで実現できずにいることを、自らのレーゾンデートルに関わる問題として認識できないでいるのではないでしょうか。しかし、このことは既に多くの識者が指摘しているので、むしろ私は在日の立場から日本人社会の「病」がどのように見えるのかを提起してみたいと思います。[5]

第二に、「人権の実現」の論議に「地域社会の変革」の視点を入れてみたいのです。植民地支配の問題を日本人識者が自分自身の問題として受けとめようとしないということで、これまで多くの在日の学者たちの批判がありました。[6] その指摘の多くは当たっており、何故そのような批判をするのか理解できないわけではありません。しかし、その批判には生活者の視点が欠けていたのではないかと私は考えるようになりました。徹底した相互批判をしながらも、アカデミズムの枠内に留まらず、絶えず実践的な課題を生活者の視点から共に担う姿勢を欠いていたのではないのかと思うのです。

この生活者の視点は、必然的に、自らの生活の糧を得ながらそこで生きる地域社会全体のあり方について言及せざるをえなくなります。個人の「人権の実現」は自分自身の努力や、市民運動、司法の場だけで叶えられるものではなく、自然環境・経済・文化を含めた「人間の社会的協働の基本単位」（中村剛治郎）としての地域社会全体のあり方を模索する中で求められるべきものではないでしょうか。[7]「人権の実現」は地域社会そのものの変革を通して実現されるという視点を提示したいと思います。

第三には、地域社会への関わり方について在日側の考え方はこれまでどうであったのかを検証します。在日の識者や活動家、運動体においては、国家論や民族論、在日論、民族主体性論は語られても、外国籍住民の地域への関わり方や政治参加の仕組みは議論されてきませんでした。むしろ日本社会の問題は「一義的に日本人の責任」（徐京植）という考えで、地域の実態に目を向けることはなかったのではないでしょうか。

一方、在日の中でも川崎のように、地域活動を積極的に展開し行政と一体化して「多文化共生」を掲げる実践も現れました。[8]全国的に流布されはじめたこの流れが、文化の側面から多様化を謳いながら、増加する外国籍住民の「統治」「統合」に寄与するのか、「開かれた地域社会」に貢献するものになっていくのか、検討してみたいと思います。在日の「人権の実現」のために地域社会の変革を求めるという考え方について私の知見から見えてきた地平を記します。

マジョリティである日本人社会の問題点

日本人マジョリティの「病」

マジョリティは自分の意識の背後で、自分の属する社会に対するルサンチマンを持っているのではないだろうか。

（郭基煥『差別と抵抗の現象学―在日朝鮮人の〝経験〟を基点に』）

マイノリティの問題はマジョリティの問題である、在日問題は日本人の問題である、ということがよくいわれます。それはその通りに違いないのですが、私には少なからぬ違和感があります。何か枠の中にはめ込まれているような、全体の中の一部に落としこめられているような感じを受けるのです。誰がそのようなカテゴリーを作ったのでしょうか。

私は、「目の前に外国人の問題があるのだから、その解決のための具体案を考え（てあげ）なければならない」という善意の発想、発言の中に日本人マジョリティのパターナリズム（温情主義）を感じるのです。多文化共生も同じです。マジョリティのあり方そのものを問うことなく、他民族を、外国人を仲間に加えることでマジョリティの責任をとったような、多数者の奢りがそこにはあります。そうではなくて、マジョリティが作る枠そのものを壊さなければならないと私は強く主張したいのです。郭基煥は、そのことを「マジョリティをその妄想の「地位」から「引きずりおろす」」と表現しています。

川崎市の場合、「外国人はかけがえのない隣人」と謳い、どの都市よりも「多文化共生」、外国人施策に関しては進んでいると高い評価を受けながら、現市長は八年前の当選の時に、「いざというときに戦争に行かない外国人」は「準会員」で、「会員」と「準会員」とでは「権利義務において区別があるのはむしろ当然」だと言い放ち、今に至るも撤回していません。[9] これを差別発言だとして民族団体と二〇を超える市民団体が抗議の声をあげましたが、そこに関わる日本人たちは、この市長発言は裏を返すと、いざというときに戦争に行くのは「会員」の日本人だということを見抜けなかったのだと思います。[10] どうして彼らは市長発言を差別問題の次元でしか取り上げることができなかったのでしょうか。

これは「会員」が戦争に行く、行くべきでないということに関しては意見が分かれるものの、この社会はわれわれ日本人のものであり、外国人は日本人と同じ日本社会の構成メンバーではないのは当たり前のこととして、右翼、左翼（或いはリベラリスト）を問わず、日本人に刷り込まれているからだと思われます。

外国人を「権利義務において区別があるのはむしろ当然」と差別したことが問題なのであって、自分たちが大前提にしている「会員」意識、主人意識そのものが問われることはなかったのです。それは明治時代から今日まで、教育・マスコミ・家庭・所属団体・地域社会など、あらゆる場を通してナショナル・ヒストリーを刷り込まれてきて、無自覚のナショナル・アイデンティティを持つに至っているからだという仮説は説得的です。[11]

しかしナショナル・アイデンティティを刷り込まれたマジョリティである日本人は、ではどうして在日を「他者」として認識するだけでなく差別の対象にするのか、この点の説明にはならないのではないでしょうか。日本民族の優位性を教え込み、他民族の「同化」を恩恵として捉え、アジア侵略を進めたのは歴史的事実ですが、社会科学的な分析だけでは説明しきれないものがあると思われます。この点で、私は若い研究者の郭基煥に注目するのです。彼の理論によると、マジョリティである日本人は、差別の背後に「自分の属する社会に対するルサンチマン」をもっており、それを日本人社会の「病」と見ます。これは実証的な研究で出された理論ではなく、あくまでも在日としての経験から、社会哲学的な考察を通して、現象学の立場から構築されたものでしょう。

もっともこの世に生を受けた以上、マジョリティであれ、マイノリティであれ、社会にルサンチマンをもったことのない人がいるとは思えません。だとしても、私は彼の主張に納得するものがあります。一例を挙げると、私が川崎市議会宛の外国人の地方参政権についての陳情書づくりに関わったとき、知らない日本人の青年から電話がありました。「在日はどうして自分のように地方自治体の試験で落とされた者の運動をしないのか。差別と闘うというのにどうしてなんだ」ということからはじまり、漫画とインターネットで知ったという戦後の闇市や繁華街でのさばる在日の歴史をなじる内容でした[12]。

彼は大学を出たのに就職先がなく、「在特会」のメンバーだと言っていました。話の途中で、自分を抑えきれないのか、突然泣きだしました。どのような思考回路でそうなるのかわかりませんが、「全ては在日のせいだ」と言い募るのです。自治体が自分を試験で落としたのは能力差別ではないかと言うのですが、「甘えるんじゃない」と応えながら、私は自分で言っていることは違うなと感じていました。

就職できない大卒者は多く、非正規社員の突然の解雇などは、いまや当たり前になっています。在日は差別があればそれと闘い支援してくれる団体があるけれど、自分たちは働く場もなく、その職場も外国人によって奪われている。このように思いこむ「病んだ」日本人たちにとって、精神的に逃げこむ場が在日への差別だとしたら、彼らは私たちの敵ではなく、一緒になってこの社会を変革していく仲間にならなければならないのでしょう。差別の背景には、日本人社会の本質的な「病」があったのです⒀。

私の仮説

日本人が植民地支配の歴史のことをよく知らない。これは歴史を知る機会が少なかった、正しく知らされてこなかったことが原因であることに疑問の余地はありません。欧米列強の帝国主義に抗するには戦争はやむをえなかったし、それはアジアの解放につながった、と戦争を美化し、植民地支配は朝鮮の近代化に寄与したという歪められた歴史観が大手をふってまかり通っています（中塚明『現代日本の歴史認識—その自覚せざる欠落を問う』高文研）。杉並区では既にそのような記述を盛り込んだ教科書が使用され、横浜市でも全市の中学校で使用される可能性が高いとのことです[14]。また最近、私はとある大学のゼミに呼ばれて話をしましたが、そこで「韓国併合」を史実としてさえ知らない大学生が多くいることを知りました。

しかし、侵略の時代のど真ん中にいた人でさえ、自分が見聞きし経験もしたであろう蛮行の意味を捉えきれなかったのはなぜでしょうか。野田正彰は（一九九八）『戦争と罪責』（岩波書店）で、敗戦後の中国で日本人兵士がどのような過程で自分の犯した罪を自覚し、泣き崩れるにいたったかを聞き取っています。しかし日本に帰国すると故郷で英雄として迎えられ、中国で経験した自分のあるがままの気持ちを言い出したら「アカ」だとされ、その後、死ぬまで沈黙を守ったということを淡々と感動的に記しています。著者は、戦争の「罪責」が共有化されなかったことが戦後日本の質を作ったと主張するのです。

レイプし、殺人を犯したことを上官の命令だからと平然としていた日本人兵士たちが、なぜ泣き崩れるに至ったのでしょうか。それは中国人たちの根気強い配慮と時間をかけた中国の教育システムの中で、日本人兵士が自分が殺した中国人とその家族に思いを寄せ、彼らの気持ちを「理解」したとき、すなわち被害者の気持ち、立場に「同一化」できたとき、自分の罪を知り（人間性を取り戻し、自らの「病」に気付いて）泣き崩れたのです。

ＮＰＯブリッジ・フォー・ピース（Bridge For Peace：ＢＦＰ）[15]代表の神直子は、元日本兵にインタビューしたビデオをフィリピンで現地の人に見せ、現地の人の想いを聞き取って撮影し、それを日本で上映しています。戦争を知ろうとする若い人たちの注目すべき活動ですが、その中に野田正彰が記すような例は中国での経験者にはほとんどない、と話してくれたことがあります。

さらには、外地での外国人従軍「慰安婦」の存在は多くの人が知っています。彼女たちを相手にした日本人兵士は多いはずなのに、彼らにとってその女性は人格のない「もの」であり、兵士は人を殺した経験と同じく、その「慰安婦」との体験も胸の底にしまったまま、なかったことにしようとするのでしょうか。彼らは韓国の「慰安婦」であったハルモニたちの告発をどのように聞くのでしょう。当時は当たり前のことであって、今さら問題にする方がおかしいとうそぶくのでしょうか。耳と心を閉ざしたまま、慙愧の気持ちを後の世代に伝えることなく、彼女たちの告発を「理解」しようとせず死んで行くのでしょうか。

その告発を受けとめ、彼女たちを「理解」するという行為は、植民地支配の歴史とその中で生きざるをえなかった己自身をどう受けとめるのかという、社会と自己への徹底した洞察を通して「常識」を疑う視点を明確にしていく作業なくしてはありえません。

日本人社会が戦後責任や植民地支配の清算に無関心で、現在も歴然とした差別があるというのはどうしてなのでしょうか。それは植民地支配とそこで生きざるを得なかった己自身の徹底した自己洞察が広く社会的になされず、野田正彰が指摘する〈戦争の「罪責」〉が共有化されなかった社会のあり方や、その事実を子どもたちに伝えきれないような教育のあり方に問題があると言えるのでしょう。私はそのことを、日本の戦後民主主義における住民自治の仕組みという観点から捉え直してみたいと思います。

日本社会は代議制民主主義を輸入しましたが、住民・市民は自分の住む地域社会の諸問題を、自分たちの責任において討議を重ねて解決していくことはなく、四年に一度の選挙で議員「先生」を選ぶにすぎません。選ばれた先生は、三万人以上の自治体ではほとんどリコールされた例がありません。住民が中心になって地域社会を運営していく「住民主権に基づく住民自治」の仕組みになっていないという欠陥が厳然と存在するのです。

利害が相反したり「立場」が異なる隣人と対話を通して相手を「理解」し、自分たちを取り巻く困難な問題に立ち向かうために対話を通して解決する、「住民主権に基づく住民自治」の仕組みとその地道で長い実践があったならば、相手の立場、背景、歴史にまで「理解」が及び、お互いがお互いを「受けとめる」ようになったのではないでしょうか。

すなわち、日本人社会が過去の植民地支配に無関心で、戦後責任についても、外国人の人権についても想いが及ばず差別が現存するのは、現行の地方自治が形式的な代議制民主主義に終始し、住民が中心となって住民間の対話を重ねながら問題解決を図る「住民主権に基づく住民自治」の仕組みになっていないという事実と、裏腹の関係なのではないかというのが私の仮説です。

「当然の法理」について

日本社会は日本人のもので自分はその一員であるという意識はナショナル・アイデンティティであり、日常生活においては表面化されることはありません。本人はそのような意識をもっているという自覚さえないでしょう。見えないもの、自覚されていないことは、当たり前のことですが論理化することはできません。日本人の学者、活動家もまた戦後一貫して在日の生活実態が見えなかったのです。見ても「見えず」、知っていても「理解」することがなかったということです（飯沼二郎『見えない人々』日本基督教団出版局、一九七三）。

憲法が基本的人権を日本国民（日本国籍者）に限定しても、[16] それを当然のこととして日本人社会は受けとめました。日本に残った朝鮮人、台湾人は「解放後」もサンフランシスコ講和条約による日本の独立までは「みなし外国人」として日本国籍のままで外国人登録証明書をもたされ、しかも選挙権はいち早く剝奪されたのです。そのとき朝鮮人、台湾人の公務員を排除するために日本政府が打ち出した見解が「当然の法理[17]」であり、「公権力の行使」「公の意思形成への参画」にあたる職務は日本国籍者に限るとされました。朝鮮人と台湾人の公務員は帰化を求められたということです。

この国籍による差別を正当化する「当然の法理」は、公務員の職場の問題にとどまらず、社会生活、福祉の場においても外国人への差別、排除を当然視し増幅するのに大きな役割を果たしてきたと私は考えています。しかし、「日本人の戦後責任」の発言の中でこのことに触れている識者は圧倒的に少ないと思われます。

「当然の法理」は今も生きています。日立闘争[18]や故金敬得の弁護士資格獲得闘争の在日の生活の場での闘いが進む中で、在日は大企業や地方自治体に就職できるようになりました。しかし、「当然の法理」によって管理職や「公権力の行使」に関わるとされる職務には就けないでいます[19]。鄭香均の最高裁の判決では、外国籍公務員の存在そのものは問題にされることのない前提としながらも、彼女の管理職受験を拒んだ東京都の行為を違法とは認めず、外国籍公務員の就く職務や管理職の基準もまた明らかにしませんでした。その判断は各地方自治体に委ねる内容になっているのです[20]。外国籍公務員を管理職に就かせない理由は、「当然の法理」の「公の意思形成への参画」に抵触するということなのです。

「公権力の行使」の政府見解に反するということで外国籍公務員に制限される職務は、実際上、地方自治体にはないということを川崎市の人事課課長が明言したことがありました。それなのにどの地方自治体においても「当然の法理」、「公権力の行使」を理由に外国籍公務員の職務の制限をしています。この点は市民運動においてもアカデミズムの世界においても問題にされることはなく、まさに当然のこととして受け入れられているのですが、戦後日本のあり方を問うとき、現在も続く「当然の法理」の考え方、仕組みは徹底的に問題にされるべきであると、私は強く主張したいと思います。

そもそも「公権力の行使」とは元来、「統治」概念で、川崎では「公権力の行使」を独自に解釈し、「市民の意思にかかわらず、市民の自由と権利を制限する」職務として、外国籍公務員には一八二職務（現在一九二）に就かせないように「運用規程」をつくりました。すなわち、国籍による差別を制度化したのです。本来いかなる公務員であれ、市民の「自由と権利」を制限するというのは法律に明示されたときにのみ認められるものであり、同じ公務員である外国籍職員にのみ「公権力の行使」の職務を制限するということはあってはならないはずです。「使用者は、労働者の国籍、信条又は社会的身分を理由として、賃金、労働時間その他の労働条件について、差別的取り扱いをしてはならない」（労働基準法第三条）と法律に明示されています。

現在、川崎は「公権力の行使」を独自に解釈して門戸を開放したため、現場ではとんでもない不条理がまかり通っています。例えば、空き缶やたばこの吸い殻の投げ捨てを注意するということまで「公権力の行使」だという理由で、外国籍職員はこの職務に就けないようになっているのです。

日本の政党や政治家は外国からの影響を受けることを避けるため、外国人からの献金は禁止されています。外国人の地方参政権には与党内に反対が多く、現在もなお法制化に至らないのですが、地方自治において外国籍住民の政治参加をどのように保障するのかという議論を進めるにも、「当然の法理」が障害になっています。

住民投票に外国籍住民の参加を承認する地方自治体は既に多くあります。しかし河村たかし名古屋市長は現行の地方自治制度を打破し「真の住民自治」を目指すとした、小学校区（または中学校区）を単位にした「地域委員会」に国籍条項を設定しました[21]。

このことの問題点を指摘した論文を私は全く見たことがありません。地域に密着した、小さな行政単位での住民の政治参加を保障する「住民主権に基づく地方自治」の仕組みを具体化することは、現行の形骸化した地方自治を変革するために必要不可欠な課題であり、昨年の京都市や川崎市の市長選においても「区民協議会」や「区民議会」を作ることを公約にした候補者が現れました。しかし、彼らもまた外国籍住民の参加については不問に付したのです。

外国人の地方参政権の実現には国会での法改正が必要ですが、住民自治を進める地方自治体の仕組みづくりは市議会の条例で可能になります。そのような条例ができれば、当然のこととして外国籍住民の選挙権・被選挙権は保障されることになるのです。その例として、三重県の市町村合併で誕生した伊賀市は、市の職員に関しては「当然の法理」を適用しながらも、各地区の自主性を重んじるために既存の町村を「地区」とし、さらに各地区に「区」が設置され、その「区長」に韓国人住民が立候補し当選したと報じられています（「民団新聞」二〇一〇年六月二三日）。

河村名古屋市長の「地域委員会」は、地方参政権ばかりか、住民自治の仕組みそのものにも外国籍住民の政治参加を禁止したということになり、それがまだ試験的なものだとはいえ、その考え方が日本全国に浸透していくことに強い危惧を覚えます。

見ても「見え」ず、知っていても「理解」することがないというのはどうしてなのでしょうか。朴鐘碩の日立闘争のとき、日立の組合は事のいきさつを「見」、何が起こったのか「知っていた」はずなのに、朴鐘碩を「理解」しようとはせず、会社側の立場に立って彼の闘いを無視しました。裁判勝利の後も、彼の入社に際して会社の対応を間違いと認め、彼を支援しなかったことを自己批判できなかったのはどうしてでしょうか。連合の下での労使一体化政策というだけでは説明がつきません。その背後には大企業に働く社員の「病」の実態が見え隠れするのです。

「病」の実態

朴鐘碩は二〇一一年で定年を迎えますが、彼の経験では、社員は「社畜」として乾いた雑巾をしぼるようにノルマを課せられ、会社と一体になった労働組合の下では、まともにものが言えない状況にあるとのことです。そのような環境では、大企業の会社員は「在日」について関心がないということだけでなく、そもそも他者に対する関心をもつことが困難な状況に置かれていると彼は認識するようになるのです。(22) 多くの社員はストレスで精神を病み、人格を「病む」。人格を「病む」と、会社の反社会的な行為に否を言うこともできなくなるのでしょう。

しかし、これは大企業だけの問題ではありません。東京都を相手に裁判を起こした鄭香均の場合も同様です。川崎市南部の病院に勤める看護師だった鄭香均は、東京都の公務員試験を受け外国人公務員第一号として長年勤務したのですが、国籍条項がなかったにもかかわらず、韓国籍を理由に課長職試験を受けることができませんでした。鄭香均は、一九四四年、憲法が保障する職業選択の自由を根拠にして、東京都知事を相手に裁判を起こしました。

都の職員は、自分たちの同僚が「国籍」を理由に不条理な差別待遇を受けたのに、どうして彼女の闘いを支援しなかったのでしょうか。彼らもまた、仕事とノルマ、時間に追われ、責任を追及され、多くの公務員が実に精神的な「病」に罹っていたのではないでしょうか。

公務員と大企業の社員という比較的社会的地位が高く安定した給与のいい環境の人が「病」に苦しむのであれば、生活の保障のない、いつ会社が倒産するか、いつ解雇されるか、いつ商売ができなくなるかわからない多くの中小零細企業とその従業員は、さらに「病」に罹る人が多いのだろうと思われます。日本全国で毎年三万人を超す自殺者がいるという事実は、看過できません。商売に関わる人で資金繰りの地獄を味わい自殺を考えなかった人や、解雇の心配なく安心して働ける企業などの労働者がどれほどいるでしょうか。

それだけではありません。経済大国を目指してきた戦後日本社会は、工業化に邁進する中で福祉にお金を回すシステムを採ってきたのですが[23]、工業化推進のために海を埋め立て石油コンビナートや高炉を作ることなどによって、自然環境の破壊が進みました。住民は「公害」に苦しみ、水俣病問題は未だに解決していません。大都市では車の排気ガスなどによる喘息に苦しむ人が後を絶ちません。このような工業化の過程を生き抜いてきた高齢者の老後生活は安定せず、孤独死を迎える人が多く存在しています。若い人の働く場がなくなり、非正規社員が簡単に解雇される状況は、日本社会の「病」でなくて何でしょうか。私が、Sustainable Communityを「持続する地域社会」という無味乾燥な訳語でなく、「住民が生き延びる地域社会」と意訳した所以です[24]。

そして最後に、朝鮮民主主義人民共和国（以下、朝鮮とする）による拉致事件やミサイル実験に対する日本社会の反発が、朝鮮系の組織に対するバッシングになっている現実を厳しく批判する必要があります。それは民族学校に通う子どもたちへの暴力であったり、政府の政策として民族学校を高校無償化の対象から外すという露骨な行為です。新潟では拉致問題を理由に、「在日外国人の権利を整備するのは納得がいかない」ということで、永住外国人の住民投票は拒否されています。

民族的に生き、民族アイデンティティを持ち、それを守り、次世代に伝える権利は誰にでもあります。いかなる少数者であれ、民族教育や民族文化は尊重されるべきであるのは世界の常識ではないでしょうか。朝鮮学校に対して、北朝鮮や朝鮮総連との関係を切らないならば資金的な支援をしないと放言した橋下大阪府知事の発言が、どうしてマスコミや日本国民の批判の対象にならないのでしょうか。政治や外交の問題に絡ませて、当然なすべき支援を政治的な駆け引きに使うのは許されることではありません。植民地支配の清算として、朝鮮への公式の謝罪と賠償金の支払いを明記した平和条約の締結が未だになされていないということを、日本社会は改めて深く認識すべきです。

「在日」の生き方と地域問題への関わり方

日立闘争への関わりを避けた民族団体──民族主義批判

私は本名の読み方も本籍地も知らない大学生でした。ある朝、新聞の「僕は新井か、朴か」という見出しで日立就職差裁判別闘争のことを知って、その日のうちに彼に会いに行きました。一九七一年のことです。私は日本人学生と〈朴君を囲む会〉をつくり、日立闘争を担うようになりました。私は、当初、労働問題という位置付けで始められていた裁判闘争を批判し、在日朝鮮人に対する差別への闘いであると主張しました。私はこのとき初めて、在日朝鮮人である自分を正面から受けとめ、どのように生きればいいのかという道を日立闘争の中で模索しはじめたのです。恐らく私と同じ世代の在日は、民族のアイデンティティに悩み、そのことから自分の生き方そのものを模索したのだろうと思います。

「在日朝鮮人」であると叫ぶことは、同化され差別されてきた者の日本社会に対する怒りと告発を中心にした、しかし己自身は日本人とも本国の人間とも違うと意識されてきた激情の発露であり、歪められた人間性を取り戻すための必要不可欠な作業でした(25)。

日立闘争の中で、私の在日朝鮮人であるという悩み（劣等感）は日本の植民地支配による同化政策に由来したものであることを知るようになりました。後年、「民族主体性」を求めて韓国に留学し、在日の苦しみは苦難の歴史を歩む民族全体の一様相であり、韓国においても植民地支配の歪んだ影響からの脱却を必死になって求めないといけないと考えている人がいることを知りました。在日が特別な存在でなく、韓国も同じポストコロニアリズムの問題を抱え、その克服の課題をもっていると理解したのです[26]。しかし、私は韓国の政治動向に直接関わるのでなく、日立闘争を通して日本における在日の現実を直視し、それに徹底的に取り組むことにしました。

私たちの運動は当初から日本人青年と一緒に〈朴君を囲む会〉を組織したのですが、一貫して日本人と協働して運動を進めることをその原則としました[27]。しかしこれは他の民族団体ではありえないことでした。「この裁判から派生した運動は、これまでの民団や朝鮮総連をはじめとする既成の民族団体を媒介とした『上からの組織運動』とは、闘い方も運動の性格もまったく異なった様相を見せるようになった」と朴一は記しています（『〈在日〉という生き方―差異と平等のジレンマ』講談社）。

当時の民族団体は民団、総連だけでなく、多くの在日の学者を輩出している「韓学同」（在日韓国学生同盟）なども〈権益獲得〉を謳いながら、就職差別という最も身近な問題であるはずの日立闘争には関わりを持とうとしませんでした。彼らが関心を持ち始めたのは、韓国の学生が民主化闘争のスローガンの中で日立闘争支援を打ち出してからです。

私は在日朝鮮人として日本社会に入り込むことを在日大韓基督教会の青年会で主張し、日立闘争に関わることを求めたのですが、その主張は「同化」につながるとして青年会の代表をリコールされました。それほど当時は在日の主体性について、(二者択一の問題ではないはずなのに)、「本国志向か、定着志向か」(朴一)ということが問題になっていたのです。だから民主化闘争を担うべきと考える民族主義的熱意に燃える在日にとっては、地域活動を通して在日である自分の生き方を求めるという視点を持つことができなかったのだと思われます。

民族主義的な観念論は政治状況が厳しくなればなるほど、ますます精鋭化します。「本国」の動向と民族の将来に自分自身を同一化しようとし、足下の日常的な地域の変革に関わる運動はますます自分たち在日の問題ではなく、日本社会をどうするのかは「一義的に日本人の責任」(徐京植)ということになるのです。これでは両者が同じ土俵にのぼり、対等な立場で対話をするという前提が成り立つはずがありません。政治的なスローガンを掲げた日韓・日朝連帯は、その時々の政治イシューについての結びつきであって、自分の住むところ(地域)において一緒に汗を流すという関係にはならない、と私は考えるのです。

行政と一体化した在日の地域活動――多文化共生批判

日立闘争で徹底して在日の差別の現実と同化を強いる社会構造を明らかにしてきた私たちは、

裁判闘争後、川崎という具体的な地域で、私たちがそうであったように、自分が朝鮮人であることを隠す子どもたちへの働きかけをするようになりました。在日の子弟たちが差別に負けないように、自分を恥ずかしく思わないように、地域の保育園で本名を教え、民族の歌、文化に触れる機会を作ろうとしました。「差別と闘う砦づくり」です。そこを拠点にして子どもたちに学校の勉強を教え、本名を名乗らせ、オモニ（母親）や青年たちの仲間づくりをして、近隣の学校への働きかけをするようになったのです。

日立闘争に勝利し川崎の教会で地域集会を持ったとき、在日の住民が児童手当がもらえないことや市営住宅への入居が認められないことに大きな怒りを持っていることを知り、行政を相手に国籍条項撤廃運動を始めました。資金の借入の条件として戸籍謄本を要求する銀行や、国籍を理由にクレジットカードの使用を拒絶する会社を相手に、住民運動として民族差別との闘いが続きました。それらの活動は在日大韓基督教会を拠点にしていたのですが、闘いが大きくなるにつれボランティアの青年が増え、お金と人材とさらに物理的に広い場所の確保が必要になり、そのやりくりに追われるようになりました。

私はそのときの「民族差別と闘う砦づくり」が現在の行政と一緒になった公設民営の青丘社ふれあい館につながると理解しています。その新たな「砦」は、民営化された子ども文化センター事業の一翼を担い、在日だけでなく地域で増えたいろいろな国の外国人子弟の問題に取り組み、地域の福祉事業に本格的に関わるようになります。まちの祭りにも参加し民族衣装で踊るその「砦」は、多文化共生の成功モデルとして全国的に注目されています。

行政との一体化は、財政的には安定し人材確保がなされ新たな建物を得るようになって、地域に必要な新たな事業展開を可能にしました。しかし、それは同時に本来行政がやるべきことを民間が低賃金で運営するという民営化政策の下で可能であったという事実は看過できません。なによりも、行政の不義を糺し公正を求めるという意味で「共生」を掲げた在日の運動が、自ら行政批判を自重するようになり、同時に住民の行政への批判の声を抑える役割を担うことになります(28)。行政との一体化は両義性をもちます。行政が「共生」を求める在日の運動と一体化する中で、増加する外国籍住民の「統合」「統治」を目的とした「多文化共生社会の実現(29)」が行政と運動体の共通のスローガンとなっていくのです。

多様性や他民族の文化の尊重を謳うものの、それは行政にとっては「君が代と日の丸の強制」とセットになり、外国人住民の生活全体を受けとめ政治参加を承認するものではありません。多文化共生は基本的にナショナリズムを前提にしたものであるということを確認する必要があります。住民を「かけがえのない隣人」とし「多文化共生社会の実現」を掲げる行政は、制限付きの「門戸の開放」や、決定権がなく討議する内容の範囲も限定された外国人市民代表者会議の創設(30)など、外国籍住民の政治参加を一定の領域に押し込んで承認しました。すなわち「二級市民」化したかたちで外国籍住民を遇していくのです。それはテッサ・モーリス＝スズキが「コスメティック・マルチカルチュラリズム」（上面の多文化主義(31)）として日本社会を批判したこととつながります。

地域活動をはじめた在日は日立闘争のときのように日本人と協働しながら、自前の運動というよりは行政と一体化することによって、自ら市の多文化共生政策を担う任を負うことになりました。その活動を「要求から参加へ」——差別問題を行政に持ち出し要求するこれまでの在日の運動ではなく、市が創設した外国人市民代表者会議に参加することで在日の新しい政治参加の歴史が始まったという認識を表現したスローガン——そして「マイノリティのためになることがマジョリティにとってもいいこと」というスローガンによって一定の権益を確保しＮＰＯ事業を展開することを、新たな「砦」である公設民営の青丘社ふれあい館の活動とするのです。日立闘争から始まった地域活動がこのように行政と一体化することで新たな事業として展開され、広がりをもちはじめたということになります。

民族主義に基づく運動は「本国」の政治動向に直結し、自分たちの権益擁護（その中に民族教育を含めるものとして）を主張すればするほど、「同胞」にのみ関心を集中するようになるのに比して、「多文化共生社会の実現」は一見、地域密着型の運動のように見えます。

しかしそれは外国籍住民の活動を一定の領域に限定し、地域全体の変革に関わらせない範囲のものであり、むしろマジョリティのパターナリズムに依拠するものと捉えると、行政と一体化した「多文化共生社会の実現」が住民の自立と「住民主権に基づく地方自治」につながるのか、外国人を含めた住民の「統合」「統治」になるのか、その議論は徹底的になされなければなりません。その議論をひろく保障することこそが、多文化共生の活動が行政に依存することなく「開かれた地域社会」に貢献するものになっていくと私は考えるのです。

最後に

差別は、それを押しつけられた者に深いルサンチマンを抱かせながらも、〈恐怖する分身主体〉への責任を介することで、被差別体験者を〈抵抗の主体〉に「変身」させ、同時に「敵に対する愛」を懐胎させる。

（郭基煥『差別と抵抗の現象学—在日朝鮮人の〝経験〟を基点に』）

個人の「人権の実現」は自分自身の努力や、市民運動、司法の場だけで叶えられるものではなく、自然環境・経済・文化を含めた地域社会全体のあり方を模索する中で求められるべきものであると、この小論の冒頭に記しました。個人の格差と共に地域間格差も拡大し、多くの課題を抱えた地域の衰退は著しいものがあります。このような社会をつくり出したこれまでの経済・政治のシステムを根底的に見直し、「住民が生き延びる地域社会」をつくっていくことなくしては、個人の生存権そのものが脅かされる時代になりました。ここに高齢者を見守るネットワークづくり、地元商店街の活性化などの課題が浮かび上がります。何よりも重工業が中心の大都市においては、ポスト工業化の都市、地域のあり方を根本から見直すグランドデザインが必要になってきます。新たな時代状況に対応できるように、社会福祉制度、再就職のための教育制度なども整備されなければならないのです。

国にはその責任をもってやるべきことがあります。そして地域においては地域が自力で解決しなければならない課題があります。この二つはきっちりとリンクされるべきであり、国は地方分権を口実に地方の責任と放置せず、地方の活性化・内発的発展を支える役割を担うことが求められます。この地域の課題の解決は行政と議員「先生」に任せては絶対に成功はおぼつかないということが、未だ住民、議員、行政の間で共有化されていません。首長の強いリーダーシップが地域を再生させるのではなく、住民が主体的に「生き延びる地域社会」をつくるのです。そのためには「住民主権に基づく住民自治」の仕組みを新しくつくることで、住民間の対話を基盤とした住民主権を地域で定着させ、時間をかけて育てていく必要があります。

グローバル化の時代、特に日本の場合は労働者が不足するのは明らかで、外国籍住民の増加は不可避です。定住する外国籍住民が自らの生存権を守るために政治参加を求めるのは当然のことです。外国籍住民の政治参加の保障は、その地域において、「住民主権に基づく住民自治」の仕組みが確立されるかどうかにかかっていると言って過言ではありません。「住民主権に基づく住民自治」の仕組みとはどのようなものか、外国籍住民が加わり一緒になって論議される時が来たのです。三重県の伊賀市はそのよき先例となるだろうと思われます。

韓国籍を持つ在日は、韓国での国政選挙参加が決定し、いずれ地方参政権も日本の国会の場で法案化が論議されるでしょう。それは永住権をもつ外国人に限られ、被選挙権がなく、朝鮮籍を排除する問題の多い案のようですが、その地方参政権を獲得しただけでは、現行の住民の政治参加を十分に保障することのない代議制民主主義に埋没するでしょう。それでは草の根《グラスルーツ》の「住民主権に基づく住民自治」には結びつかないということを、しっかりと認識する必要があります。

外国籍住民を日本社会の主体、主要メンバーの一人と捉えず、「文化」「多様性」を強調しながら「統合」「統治」の対象と捉える多文化共生は、これまでの日本社会をつくりあげた既存の経済・政治のシステムをそのままにして、それらを正当化した上で、「二級市民」として限定した権限の範囲で外国籍住民を受け入れるということになるのです。そのようなマジョリティのパターナリズムは、日本社会の構造的な危機的状況を温存していくことにしかならず、それでは住民誰もが人間らしく生きることができる地域社会は望めません。マジョリティである日本人住民自身が「生き延びる」ことが困難になると、私は考えます。

行政と企業を入れた住民間の対話を通して、国籍・民族を超え全ての住民を対象にした「住民主権に基づく住民自治」が地域再生の基礎です。そしてそれこそが、生存権を確保し、高い生活の質（Quality of Life）と住みよい環境を目ざし「人権の実現」に向けて歩むための必要不可欠な、日本籍住民と外国籍住民、両者共通の課題になるのではないでしょうか。

民族主義を標榜する在日の既成組織、運動団体はこのような時代の要請に応えることができるのでしょうか。行政との一体化を図り多文化共生を謳う在日もまた、生活者の視点から「地域の変革」を求める住民と共に歩むことができるのでしょうか。そのようになっていくことを私は期待してやみません。

違いの強調でなく、一致できる点を求めて具体的に行動する時が来ました。未来に向かってどのような地域社会をつくりあげるのか、この点に関しては国籍や民族の「立場」の違いを超えて、みんなが同じ「責務」を担うことになるのです。在日と日本人との対等な立場での対話がそこからはじまるのです。

＊注

（1）環境再生―川崎から公害地域の再生を考える』（永井進　寺西俊一　除本理史編著　有斐閣　二〇〇二）を読むと川崎の公害問題は解決されていないことがわかります。しかしこの中でSustainable Communityは「持続する地域社会」と翻訳され、地域全般のあり方を正していくという姿勢はあるのですが、在日が川崎に多く住むようになった経緯や公」の真只中の集落で生きている実態に対して一切言及していません。何度も現地を訪れたはずなのに、そこでは在日の存在は一切見えなかったのでしょうか。

（2）テッサ・モーリス・スズキ（二〇〇七）『北朝鮮へのエクソダス―「帰国事業」の影をたどる』（朝日新聞社）二〇一頁。しかし彼女は、この嘆願書を金日成に送り「集団的な帰国運動の嚆矢」となった川崎の在日の多くが、煤煙下の朝鮮人であり、「公害」に苦しめられていたことには触れていません。参照：「「地域再生」と「在日」―エクソドスはもういらない」（http://oklos-che.blogspot.com/〇/02/blog-post_6244.html）

（3）「政治的先行きが見えず、経済不況に苦しみ、社会的ストレスがました現代日本で、在日朝鮮人はいまや「慰安婦」と並ぶ、もっとも危険な存在」になっていると宋連玉は語ります（「国際シンポジューム「韓国併合」一〇〇年を問う」）。

（4）日本の学界では敗戦直後から、天皇制の問題、個人の市民としての自覚の問題、「国体」を掲げて戦争に邁進するに至る過程、その原因が究明されてきましたが、私は、労働運動、女性解放運動、部落解放運動など自己の権利を要求してきた大衆運動がすべからく、戦争協力によって、国家を通じて実現することを自ら進んで選んだ事実の自己批判がなされてこなかったということに注目します（伊藤晃「大日本憲法と日本国憲法のあいだ―歴史から見た鄭香均氏の訴訟」（鄭香均編著『正義なき国、「当然の法理」を問いつづけて』（明石書店　二〇〇六）。これは戦争協力をした日本キリスト教団においても同じで、戦争責任告白は一部の教職者の間で作成されたものの最終的には議長名で出され、実際の戦争体験をした一般信者が在籍する各個教会で議論されることはなかったのです。

（5）郭基煥（二〇〇六）『差別と抵抗の現象学―在日朝鮮人の〈経験〉を基点に』（新泉社）。参照：「新たな「在日」学者との出会い」（http://oklos-che.blogspot.com/2010/05/blog-post_17.html）

（6）金富子（「「慰安婦」問題と脱植民地主義―歴史修正主義的な「和解」への抵抗」『歴史と責任―「慰安婦」問題と一九九〇年代』（青弓社、二〇〇八））と徐京植（『半難民の位置から―戦後責任論と在日朝鮮人』（影書房、二〇〇二）の批判は鋭いです。しかしその批判の仕方は対話を求め実際の運動につながるものであるのか、検証されるべきでしょう。

　徐京植は、徐京植―花崎皋平論争の当事者で、「在日」世界における最も影響力のある論客の一人です。お互いに自分の著作の中でその論争について触れていますが、「脱植民地支配」を模索して「共生」を説く思想家である花崎と徐の論争が中途半端に終わったことは大変不幸なことです。中野敏男はこの論争を「思想上の最重要問題」と捉え、花崎を大塚久雄と丸山眞男がいう、植民地支配の被害者に対応しない中で構築された、戦後日本の自己決定する「主体の思想」の系譜と見ます。しかし花崎の著作を読んだ者として私はこの見解には同意できません。徐の意見に対する中野のコメントはないし、私の知る限り他にも見当たらないのです。この論争の質とあり方は今後正面からとりあげられるべきでしょう（徐京植（二〇〇三）、花崎皋平（二〇〇二）『〈共生〉への触発』みすず書房、中野敏男「自己反省主体の隘路―花崎皋平と徐京植との「論争」をめぐって」『現代思想』六、二〇〇二）。

尹健次は（二〇〇一）『「在日」を考える』（平凡社ライブラリー）の中で、上野千鶴子のフェミニスト、社会科学者としての考え方、捉え方を評価します（二三三―二三四頁）。しかし後半では「上野の物言いは学問的には一見もっともにみえ、それにあえて異を唱える理由はない」としながら、彼女の日本人としての「立場性」を問い、上野は「問題の本質を回避し、あるいはそらしている」という批判をします（二四一―二四三頁）。しかしどのように「問題の本質を回避」しているのかという説明はありません。

（7）中村剛治郎（二〇〇四）『地域政治経済学』（有斐閣）と、彼の横浜国大での講義や私信から、私は、地域とは「人間の社会的協働の基本単位」であり、「ナショナリティを超えて、そこに生活する多様な人々が共同で生き、生活する場、互いの基本的人権を保障し、人間としての自由や発達、幸せ、社会連帯や自然との共生などの実現をめざす基礎的な社会単位である」ということを学びました。住民自治の確立は地域の再生を図る根幹になるのです。

川崎が独自な発展を遂げるには、自由闊達な国際都市としての内実を持つしかなく、そのためには地方政府における国籍を理由にした差別制度を撤廃し、国籍を超えた住民自治の確立をベースにしながら、徹底した住民、企業、地方政府間での対話を通して長期的な地域再生のビジョンをつくりあげるしかなく、そこで生きる在日の生き方は地域のあり方と別にはありえない、という私のイメージの出発はここにあります。

（8）金侖貞『多文化共生教育とアイデンティティ』（明石書店、二〇〇七）は、川崎において日立闘争以降の青丘社やふれあい館の動きを「共生」を求めるものと捉え、その動きが行政をも動かし行政と一体化する過程を記しながら、その流れが全国、日韓、東北アジア共同体の中心理念になるとまで共生を賛美します。確かに川崎の在日の運動の歴史を踏まえているものの、そこでは川崎市の問題点に関する記述はありません（国籍条項の問題や、共生を唱えつつ日の丸・君が代を強制していく教育委員会の実態など）。

また偏った情報収集は学問の手法として問題があるように思われます。何よりもあれほど日立闘争と当該の朴に焦点をあてながら、朴鐘碩へのインタビューがなく、彼が日立に入社してからどのようなことを考え何をしてきたのかということは一切触れられていません。日本人と在日の共同闘争の実態と、加害者としての日本人という認識の観念性が問題にされず、日立闘争における日韓市民の共同闘争がそのまま多文化共生実践論に移行しています。

また社会科学の分野では問題にされる、多文化主義というイデオロギーがグローバリズムと新自由主義が跋扈する現実においてどのような役割を果たしているのかという問題意識は、「教育」というカテゴリーに埋没する著作の中では見ることができません。

（9）崔勝久・加藤千香子編（二〇〇八）『日本における多文化共生とは何か―在日の経験から』新曜社：一六四―一六八頁

（10）「かながわみんとうれん抗議声明」、「阿部市長の外国人市民への『準会員』発言についての申し入れ」（（社）神奈川人権センター、自治労川崎市職労働組合他、一九団体（http://www008.upp.so-net.ne.jp/

mintouren/topc10.htm）

（11）李孝徳（二〇〇〇）『表象空間の近代―明治「日本」のメディア編制』新曜社、朴裕河（二〇〇七）『ナショナル・アイデンティティとジェンダー：漱石・文学・近代』クレイン。個人のアイデンティティは実はナショナル・アイデンティティの上で成り立っているということを西川長夫から学びましたが、この認識は私には興味深く、国民国家を相対化するためには、観念的な作業ではなく、まさに自分自身の実存そのものの中に巣くうナショナル・アイデンティティと格闘しなければならないものと理解しました。このことを明確に指摘した文京洙の著書に私は深く共鳴しました（文京洙『在日朝鮮人問題の起源』（クレイン　二〇〇七）及び「こんなに共鳴した本はありません」（http://okloche.blogspot.com/2010_10_02_archive.html）

（12）参照：「「在特会」支持者はどうして、私たちを非難するのでしょう」（http://oklos-che.blogspot.com/2010/04/blog-post_01.html）

（13）福岡の市民運動「排外主義にNO!福岡」では、「在特会」のような排外主義的な運動に対抗するだけでなく、「排外的言動を生み出すものは何なのか」「排外主義を容認し、持続させる社会の病理を、どのように克服していけばよいのか」という問題意識から学習会を始めようとしています。

（14）参照：「横浜市で何が起っているか？―自由社版「つくる会」教科書をめぐって―加藤千香子」（https://oklos-che.blogspot.com/2010/07/blog-post_28.html）

（15）Bridge For Peace（BFP）のホームページ。http://bridgeforpeace.jp/

（16）崔勝久（二〇一〇）『外国人参政権』靖国・天皇制問題情報センター：四―五頁

（17）鄭香均編著（二〇〇六）『正義なき国、「当然の法理」を問い続けて』明石書店

（18）私が担当した、明石書店から出版予定の『在日コリア辞典』（朴一編）の「日立就職差別裁判闘争」の

項を出版社からの承諾を得て以下、一部引用します。

「一九七〇年、日立製作所の入社試験において氏名の欄に通名を記し、本籍地に現住所を記した在日朝鮮人二世の朴鐘碩青年（当時一九歳）が、「嘘をついた」という理由で採用を取り消された。日立就職差別裁判とは、そのことを不服として日立を相手に提訴し、四年にわたる法廷内外での運動で勝利した闘いである。差別を甘受することなく、民族差別の根源を撃つ闘いとして、日立という日本を代表する大企業に公然と立ち向かったことで、「在日」の戦後史において新たな地平を切り開いた。判決は日立の民族差別に基づく不当解雇を全面的に認め、「在日」の置かれている歴史的な状況に言及したうえ日本社会にはびこる民族差別についても初めて公に言及した、画期的なものであった。日立が告訴を断念したことで判決は確定し、それ以降、企業が国籍を理由にした解雇や差別をすることを禁じる法的根拠となっている。」

（19）崔・加藤共編（二〇〇八）：一五五—一六〇頁
（20）富永さとる「誰にとって哀れな国なのか—「国民主権」の正体と二つの民主主義」鄭香均（二〇〇六）：一〇五頁
（21）名古屋市地域委員会のモデル実施に関する要綱、参照。
第八条　委員は、当該地域に住所を有する満一八歳以上の日本国民のうち（中略）市長が委嘱する。参照：「名古屋の「地域委員会」でも、国籍条項」（http://oklos-che.blogspot.com/2010/02/blog-post_7122.html）
（22）朴鐘碩「続「日立闘争」—職場組織のなかで」崔・加藤共編（二〇〇八）
（23）参照：神野直彦「財政の自立性が地方再生の条件—『地域再生の経済学』」（https://oklos-che.blogspot.com/2010/02/blog-post_9100.html）

(24) 私はSustainable Communityを地方自治体で広くスローガンになった「持続する社会」ではなく、「住民が生き延びる地域社会」と意訳し、宮本憲一の解釈を参考にして、「平和と民主主義を希求し、国籍にかかわらず全ての住民の自由、平等、基本的人権を保障し絶対的な貧困を除去すると同時に、環境・資源・生物多様性の維持・保全を根底に据えた、住民が主体となった住民自治を志向する地域社会」と定義しました。参照：「「住民が生き延びる地域社会」の実現、というのはどうでしょうか」(https://oklos-che.blogspot.com/2009/12/blog-post_28.html)

(25) 崔勝久「歪められた民族観」『思想の科学』(一九七六年三月号)

(26) ソウル大学大学院のある歴史学の教授の講義からポストコロニズムの韓国歴史学の課題を知りました。鄭百秀(二〇〇七)『コロニアリズムの超克―韓国近代文化における脱植民地化への道程』(草風館)はこの問題を理解する上で重要な論点を提起しています。

(27) 日立闘争における共同闘争の実態を調査し、「七〇年代の「共同」と新自由主義時代の「(多文化)共生」を超える新たな協働の模索」の必要性を唱える加藤千香子の主張は注目に値します(「一九七〇年代日本の「民族差別」をめぐる運動――「日立闘争」を中心に――」(『人民の歴史学』一八五号、東京歴史科学研究会)。

(28) 青丘社ふれあい館の理事長であった故李仁夏牧師は、市長の差別発言を批判する声が再燃焼するのを危惧したのか、「外国人」の「準会員」発言を市長が繰り返さないように市長の「口封じ」をしたという事実を自ら明らかにしました(崔・加藤共編(二〇〇八：一六六―一六七頁)。また、その「口封じ」の後で、市が学童保育を廃止して民営化した「わくわくプラザ」をつくる新事業を青丘社ふれあい館が「在日」多住地域で受け持ち運営を始めたとき、児童が二階から落ちて大怪我をし、脳挫傷・頭蓋骨骨折し一生その傷の後遺症に悩むと医師から診断されたという大事件がありました(崔勝久・加藤千香子編（二〇〇八）『日本における多文化共生とは何か―在日の経験から』新曜社：一七四―一七六頁）。被害者家族に謝罪しない市とそれを不満とする被害者家族の間に、青丘社ふれあい館が仲に入ったものの結局、ふれあい館は市の側に立つしかなく、被害者家族は雀の涙ばかりのお金で妥協するしかなかったという話を私は直接当事者から聴きました。

(29) 崔勝久『外国人参政権』（二〇一〇）：四九頁。ここで明らかになった「ベクトルの違い」は非常に重要な視点だと思われます。あくまでも増加する外国人を「統治」、「統合」の対象と捉え、そのための政策の具体化のために多文化共生という言説を使う官僚・行政の姿勢と、主体的に当事者として地域に関わろうとする外国籍住民との「ベクトルの違い」のことです。

(30) 上野千鶴子は、「外国人市民代表者会議」は「意思決定権が委ねられるための何らかの制度的な保障を伴うものでなく、これでは外国人参加の制度化が行われたとは到底いえない」とし、「行政のパターナリズム」「ガス抜きの場」になる危険性を指摘します（崔二〇〇八、二二九―二三二頁）。

(31) テッサ・モーリス＝スズキ著『批判的想像力のために―グローバル化時代の日本』

第三章　外国人の地方参政権について
—これは外国人への権利の付与の問題なのか

はじめに

今年（二〇一〇年）になって、民主党の責任者は、外国人の地方参政権の法案を通常国会に政府案として提出することを内外に公にしました（「朝日新聞」二〇一〇年一月一二日）。しかし議員立法にすべきだと担当大臣が談話を発表しており（「朝日」一月一五日）、どうなるか未定です。この一〇年間、公明党を中心にして野党が公約してきたことなのですが決して日の目を見ることはありませんでした。誰もその法案が通過するとは思ってもいなかったのです。民主党政権が実現され、ようやく、外国人の地方参政権が実際のものになる可能性が出てきました。

韓国政府及び民団（在日本大韓民国民団）はこの法案の通過を求めて、衆議員選挙の候補者に参政権に賛成するかどうかを問い、賛成者には選挙協力をしてきたようです。韓国政府と民団の働きは少なからず民主党の勝利に寄与したことは間違いないと思われます。これまで公明党が最も熱心であったのは、創価学会会員に在日の信者が多く、在日に選挙権を与えることが即、公明党の票に直結する読みがあったようなのですが、さすがに小沢一郎はそのような露骨なことは言いません。しかし民主党の幹事長で党内の最大実力者が、今年が韓国併合一〇〇年にあたることを意識しているのか、良好な日韓関係を謳いながら韓国国内で参政権の法案化を公言したのですから、今回ばかりは、韓国人は参政権の実現を信じたことでしょう。

しかしながら、同じ与党の国民新党の亀井静香党首は反対を表明し、民主党内にも外国人の参政権に反対の声をあげる人は実力者の中でも多く、その数は議員の三分の一に及ぶとも言われています。公明党と共産党は賛成のようですが、国民新党が法案反対の立場から与党から降《くだ》る覚悟をするのか、民主党内の反対派が党を割って出ていくのか、政界の再編が今の時点で参政権評価をめぐって行われるのか、いずれもその可能性は低いと思われます。しかしなにせ、ナショナリズムによって彼らなりの愛国心の発露として反対しているのですから、必ずしも理性的な対応をするとは限らないかも知れません。また、小沢幹事長の旧態たる「おカネの問題」で民主党は窮地に立たされ、法案化にまで影響が出る可能性もあります。

以上はマスコミを通して流された情報です。櫻井よしこをはじめとして、右翼的な論者は圧倒的に外国人の参政権には反対です（「国家基本問題研究所」http://jinf.jp/）。外国人への参政権付与に反対して、帰化条件を緩和することを対案とする動きもあります。「在日特権を許さない市民の会」（「在特会」。市民運動を標榜する右翼団体）は外国人参政権反対の街頭行進を予定し、実力行使も辞さない構えです。

しかしながら私は、外国人への参政権の付与の問題がこのようなジャーナリスティックな次元での論議に終始し、この法案が「国交がない」という理由で韓国国籍を持たない在日（朝鮮籍の在日）を排除していることが問題になっていないこと、そもそもその排除に朝鮮への制裁の意味をもたせようとしていること、そして根本的には、日本の戦後処理の問題として植民地支配の清算と本気で取り組んでこなかったことが全く等閑視されていることに大きな不安を覚えるのです。

反対の論者の主張の根にあるのは、明確にナショナリズムです。国民国家の原則をかざし、その原則から憲法論を持ち出して外国人排除を正当化します。しかし思想としては、日本の国民国家論は天皇制と結びつき、理性よりも心情に訴えます。そもそも天皇制の維持という事実から見て戦前と戦後に断絶があったのでしょうか。少なくとも憲法の制定過程から見えてくることは戦前との連続であり、国民主権を謳うものの天皇を国民統合の象徴に押し上げ、天皇制に対抗する概念であったはずの国民主権が、日本の場合は国民と天皇は一体であることが強調されて、国民主権論は外国人排斥に向かうのです（古関彰一『日本国憲法の誕生』（岩波現代文庫）。そこでは植民地支配の清算の論議が起こるはずもなく、現在に至っています。このような観点から、外国人の地方参政権の問題とは何か、それは日本社会のあり方を問うものであるのに、外国人への権利の付与の是非という次元でしか語られていない現状に対する危機意識をもち、私はこの小論を書きたいと考えています。

何冊かの参政権に関する本と論文を読みましたが、私は近藤敦の『Q&A外国人参政権問題の基礎知識』（明石ブックレット）が一番簡潔に書かれていると思います。ただし、この本の出版時にはまだ朝鮮を排除する法案内容ではなかったので、その点だけは留意する必要があります。近藤さんのQ&Aに沿って、その意見を紹介しながら、私の意見を添えてもう少し広範囲に議論を展開していきます。

その前に、外国人の参政権に関する裁判所の判断の流れを見ておきましょう。一九九三年六月に大阪地方裁判所は日本国籍を有しない定住外国人の参政権（地方公共団体の長、その議会の議員などの選挙の権利）についての判決がありました。判決の骨子は以下の三点です。

① 憲法一五条の「国民」とは「日本国籍を有する者」に限られ、定住外国人には公務員の選定・罷免権は認められない。

② 憲法九三条二項の「住民」は「日本の国民であること」が前提となっている。

③ よって日本国籍を有しない定住外国人には参政権（地方公共団体の長、その議会の議員等の選挙の権利）を憲法が保障していると認めることはできない。

近藤さんは一九九五年の最高裁判決について説明しているのですが、最高裁はこの大阪地裁の判決の「所論の点に関する原審の判断は、正当として是認することができる」としました。ただし、法律をもって地方参政権を「外国人に付与する措置を講じることは、憲法上禁止されているものではないと解するのが相当である」として、そのような措置を講ずるかどうかは「専ら国の立法政策にかかわる事柄」であり、そのような措置を講じないからいって「違憲の問題を生じるものではない。」と断じています。

つまり定住外国人の参政権は憲法で保障されるものではないが、彼らのために選挙権を付与する措置をとることは「憲法上禁止されていない」というのです。この最高裁の判決を受けて国会での立法化はなされなかったのですが、各地方自治体は住民投票などの参政権を（被選挙権はない選挙権に限って）外国人に認めだしました。川崎市でも永住権者など一定の条件下での外国人の住民投票はその制度が設定されたときに承認されています（川崎市　住民投票　http://www.city.kawasaki.jp/250/page/0000015962.html）。

もちろん、在特会をはじめ外国人の参政権に反対する団体は、極右に限らず多くいることは事実です。在日の組織においても意見が分かれます。特に朝鮮民主主義人民共和国の「在日本公民団体」である朝鮮総連（在日本朝鮮人総聯合会）としては日本と朝鮮との関係が、戦後いまだに国交樹立もなされておらず、特に朝鮮学校に対する日本政府、地方自治体からの露骨な差別がある中で参政権だけを云々するときではないというのが率直な気持ちなのでしょう。

しかし日本の地域社会で定着する在日が、自分の住む地域社会にどのようにかかわっていくのかというのは、これからも議論し続けて深めていかなければならない課題であることは否定のしようのないことだと私は考えています。在日の参政権は在日の基本的人権の問題として議論していく必要があるのではないでしょうか。
近藤さんのブックレットに沿って話を進めます。

「Q 最高裁は、永住外国人の地方参政権を認めているのですか?」

最高裁判決の判決

近藤さんはブックレットの中で、第一にこの質問から説き始めます。反対論者は、最高裁の判決で外国人の参政権の可能性に言及した部分は傍論であり、本論では参政権を否定していると言います。しかしこの判決を下した裁判長は後に、判決は全体として読むべきで本論と傍論というように恣意的に分けて読まれることに苦言を呈しています。

一九九五年の都庁任用差別訴訟最高裁判決は「我が国に在留する外国人に対して、地方公共団体の長、その議会の議員等の選挙の権利を保障したものということはできない」として、それに続けて永住権者等に「法律をもって、地方公共団体の長、その議会の議員等に対する選挙権を付与する措置を講じることは、憲法上禁止されているものではないと解するのが相当である。しかしながら、右のような措置を講ずるか否かは、専ら国の立法政策にかかわる事柄であって、このような措置を講じないからといって違憲の問題を生じるものではない」としました(最判一九九五年二月二八日民集四九巻二号一六四頁)。

憲法解釈の「許容論」について

憲法解釈には、「要請」「許容」「禁止」の三通りがあるのですが、「禁止」は文字通り憲法が禁じているということ、「要請」は憲法が要請している、すなわち認めているということであり、「許容」はそのどちらでも違憲ではないということになるのです。この「許容」説を今回の問題に則して言えば、国会が永住者に参政権を認めても認めなくとも、そのどちらも違憲ではないということになります。それは国会が立法政策としての判断をするものであり、そのどちらの判断でも違憲ではないということなのです。

鄭香均《チョンヒャンギュン》が東京都を訴えた最高裁判決では、東京都が国籍を理由に外国人に管理職試験を受けさせなかったことは違法ではないということで彼女の敗訴になりました。しかしその判決の中では彼女の主張に一定の評価をする意見もありました。この判決の場合、訴えた個人の権利を否認する結論を出しながら同時に、国会での立法改革の必要性、可能性に触れています。そのように判決では敗訴であっても、その判決の中で、制度改革による救済に触れた訴訟は他にも例があるそうです（一九九二年の台湾住民元日本兵戦死者の損失補償請求事件など）。

しかし彼女は高裁で勝利し、最高裁での勝利を信じて和解の道は選ばなかったのですが、最高裁では東京都側の行為を「合理的な差別」としてむしろ一審に近い判決になりました。その判決の後、鄭香均は日本社会は「哀れな国」と記者会見でつぶやいたそうです。悔しさから思わず発せられた言葉であったのでしょう。

参政権反対論者は、最高裁判決の本文から、憲法上、外国人への参政権は認められないと誤読しているようです。これは「許容」説という憲法学説からすれば矛盾した判決ではなく、むしろこれまでの消極的な判決からすれば、よくやったというのが近藤さんの意見だと思います。私もそう思います。だから、今回の政府案として出される外国人の地方参政権法案は、決して違憲ではなく、憲法上の解釈においても問題はないということを確認しましょう。

「Q 参政権は国民固有の権利だから、外国人には認められないのではないですか?」

憲法一五条は、「公務員を選定し、及びこれを罷免することは、国民固有の権利である」と定めています。しかしこれは、選挙権を国民「のみ」が「専有」するという意味の文言と解釈することは誤りだというのが近藤さんの主張です。もちろんそれに反対する研究者もたくさんいます。長尾一紘『外国人の参政権』（世界思想社）は、むしろそのまま国民だけの権利と読みます。

しかし「国民固有の権利」とは、かつての天皇大権のように官吏の任命権の根拠が天皇にあるのでなく、国民から官僚の任命権を奪ってはならない、国民が譲り渡すことのできない権利というのが本来の意味であって、決して外国人の選挙権を禁止するものではないという立場に、近藤さんは立ちます。

憲法から外国人の人権を排除したトリック

古関彰一『日本国憲法の誕生』（岩波現代文庫）の二七六―二七八頁にあるのですが、憲法制定の過程で、日本の官僚がどのような細工をして外国人の権利を排除していったのかという歴史的経緯を見てみましょう。古関さんは憲法制定時の研究では日本の第一人者ですが、彼は、憲法一〇条の「日本国民の要件」（「日本国民たる要件は、法律でこれを定める」）の背景を明らかにします。これは明治憲法一八条そのまま（「臣民」が「国民」になっただけ）で、どうしてこの一〇条が挿入されたのかを問題にします。この一〇条の「法律」とは、昭和二五年の「国籍法」を意味し、これで「日本国民」とは日本国籍所有者であると規定されたのです。このことによって、憲法で保障される「基本的人権」が外国人には適応されないということになりました。

日本政府はGHQに対して、「Japanese people」とは「日本国籍所有者」と説明してこず、GHQは「Japanese people」の中に植民地下で「日本人」であった台湾人・朝鮮人も含まれると理解していたようです。しかし憲法制定に携わっていた官僚は一〇条においてのみ、憲法の英文を「Japanese people」から「Japanese national」（日本国籍所有者）に変えました（The conditions necessary for being a Japanese national shall be determined by law）。この英訳はそのまま日本国憲法の公式英訳文となっています。日本の官僚は「Japanese people」と「Japanese national」を同じ「日本国民」と翻訳していたので、一〇条の「日本国民」をJapanese nationalにしたことで、一〇条以外のJapanese peopleの「日本国民」を全て「日本国籍所有者」として規定するというトリッキーな措置をしたのです。彼らは憲法制定の最初から、植民地下にあった朝鮮人・台湾人の人権を日本人と同じように擁護すべきとは考えていなかったことになります。

この意図的な措置は「当然の法理」につながっていきます。「当然の法理」というのは、「公権力の行使又は公の意思形成への参画にたずさわる公務員になるためには日本国籍を必要とする」という内閣法務局の見解です。この見解によって、日本国籍者であった朝鮮人・台湾人の官僚は一九五一年のサンフランシスコ平和条約以後、公務員であり続けるには帰化することを迫られたはずです。「当然の法理」は、戦後の日本国家においては、外国人を締め出し人権の制限をする排外主義イデオロギーの象徴と見ることができます。文字通り、「当然の法理」は日本人にとっては議論をするまでもなく当然のこととされ、鄭香均が、東京都の外国籍公務員の管理職試験受験拒否を理由に提訴するまでは大きく社会問題になることはありませんでした。

「当然の法理」について

この「当然の法理」に反旗を翻したのが鄭香均です。地方公務員法に国籍条項がないにもかかわらず、外国人が公務員になることなど誰も考えたこともなく、大企業への就職も「在日」には閉ざされていました。朴鐘碩という在日二世が日立就職差別裁判闘争で勝利したことで、国籍による差別（解雇）は認められないという判決が判例となって、それ以降、一般の民間企業は（原則として）門戸を開き、弁護士資格を求めた金敬得《キムギョンドゥク》の闘いに続き、地方公務員に挑戦する在日も出てきました。鄭香均は東京都職員の外国人職員第一号です。しかし一〇年後、課長昇進試験を受けようとした彼女に、募集要項には何ら記載がなかったにもかかわらず、外国人には管理職試験は受けさせられない、それは「当然の法理」だというのです。彼女は東京都を相手に提訴しました。

最高裁の判決では、彼女に昇進試験を受験させなかった東京都は違法ではないということになりました。しかしでは、「当然の法理」に反して（あるいは新たな解釈で）、管理職や「公権力の行使」に関わる職務に就かせることは違法かというと、それは各自治体が決めることという判断を示したことになります。全国で最も早く外国人への「門戸の開放」を実現しながら、採用した外国籍職員の管理職への昇進を認めず、一八二もの職務の限定をした「川崎方式」に対して、私たちは「外国人への差別を許すな・川崎連絡会議」をつくり、一二年にわたり交渉を続けてきました。これは「当然の法理」に対する闘いであり、大きくは、外国人の政治参加の実現を目指したものです（「外国人への差別を許すな・川崎連絡会議」）。

私たちの川崎での運動は、外国人の地方参政権が認められたら論理的には確実に進展すると思います。近藤さんの公務就任権と参政権の関係についての見解は『外国人の人権と市民権』（明石書店）の中で明らかです（一九三─二三二頁）。

「永住者等に地方の長や議会の選挙権を付与すること（すなわち住民自治ないし地方公共団体の意思の形成への参画）は、憲法上禁止されていない」という最高裁判決があり、それが立法化されれば、外国人の選挙権は「公の意思形成への参画」になり、その同じ理由で外国籍公務員が管理職に就くことを拒むことはできない、ということになるという見解です。近藤さんは、「偏狭」なナショナリズムにいつまでも固執することは、外国籍住民との共生社会を当然視する今日の「国際社会において名誉ある地位を占めたい」とする憲法前文の理念に反する」と明言します。

この「当然の法理」は国民国家の本質と関係すると私は理解しています。国民国家の成り立ちからして、またそもそもギリシャの都市国家においても、女性と外国人はその成員から排除されていました。日本学術会議という著名な日本の学者の集まりがあります。このメンバーには外国人学者が選ばれることはありません。学術会議の事務局は、それは「当然の法理」と言います。学術会議の会員になると特別職の国家公務員になり、会員は内閣に日本の学界のあり方を答申するので、それは「公の意思形成」に関わることになり、外国人を会員にすることはできないという論理です（「日本学術会議事務局からの最終回答」https://oklos-che.blogspot.com/2009/06/blog-post_09.html）。

しかし上野千鶴子さんが強調するように、日本の学術学会は外国人学者の貢献なくして成り立つものではありません。私たちは日本学術会議に公開質問状を出し国籍条項の問題を質《ただ》しましたが（二〇〇九年五月）、事務局は、外国人の「特別会員」という別枠を作ることでこの問題を解決しようとしているという回答でした（「日本学術会議事務局からの二回目の回答」https://oklos-che.blogspot.com/2009/05/blog-post_5040.html）。

日本国民「固有の権利」は、外国人を排除するものではない

もう一度、「国民固有の権利」の「固有」に戻りましょう。「固有」は公式英訳では、inalienable《イネイリアナブル》という単語で、「〈権利など〉譲渡できない、奪うことができない」という意味です。従って、憲法の「固有の権利」とは、「国民から奪うことのできない権利」のことであり、国民「のみ」に限定する意味は含んでいないというのが、近藤さんの主張です。「国民が選挙権を譲り渡さなければ、（外国人）永住者に地方参政権を認めても、憲法一五条の言葉の意味に反するわけはない」ということになるのです。

政府の憲法解釈を代表する内閣法制局の長官になった高辻正己は、「公権力の行使」と「公の意思形成への参画」は日本国籍者に限るとした「当然の法理」を打ち出した人物ですが、彼は、憲法一五条の「固有の権利」とは日本国民だけが「専有」する権利ではなく、「奪うべからざる権利」の意味に解するのが正しいとしています（昭和二八年三月二五日法制局一発第二九号）。

しかし参政権反対で有名な学者の百地章は、「固有の権利」とは「譲り渡すことのできない権利」としながら、だから、参政権を外国人に「譲り渡し」てはいけないと言います。しかし、これは近藤さんが指摘するように、「譲り渡す」「譲渡」とは相手に権利が移転し自分のものがなくなることを言うのであって、外国人の参政権は、「国民から権利を譲り渡すものでも、奪われるものでもありません」という主張が正しいと思われます。

「憲法一五条の文言のみを根拠に永住者の地方参政権を憲法違反とする議論は、今日ほとんど支持者を失っている」と近藤さんは述べますが、これは学者の世界の話であって、日本の政治は日本人だけが担うべきであるという考え方は、一般には未だに大きな影響力をもっています。それだけに、私たちは正確に憲法の背景を知り、外国人の参政権付与は違憲ではない（＝合憲である）ということを理解する必要があります。

「Q　特別永住者に対象を限定するべきではないでしょうか？」

永住者には「一般永住者」と「特別永住者」があり、前者は下記の三つの要件を満たす外国人が対象となります。「素行が良好であること」、「独立の生計を営むに足りる資産または技能を有すること」、「その者の永住が日本国の利益に合すると認められること」の三条件で永住が認められるのです。一方、「特別永住者」というのは、平成三年（一九九一）一一月一日に施行された法律「日本国との平和条約に基づき日本の国籍を離脱した者等の出入国管理に関する特例法」により定められた、かつての植民地支配下で日本国籍の保有者だった台湾人、朝鮮人の在留資格のことです。特別永住者の数は毎年少なくなり、一方、一般永住者は年ごとに増えています。

このQに対する近藤さんの意見は、在日朝鮮人が日本に住むようになった歴史的な経過を十分に理解しながらも、特定の出身国者だけに限定するのでなく、一般永住権を持つ他の外国人（＝定住外国人）にも参政権を与えるべきだというものです。近藤さんを批判する長尾一紘もまた、海外の動向（特にドイツ）に詳しいようで、ドイツの憲法解釈の説明から日本の状況を考えてみるというスタイルです（長尾一紘『外国人の参政権』（世界思想社）。長尾氏は、今後の日本は「在日」ではなく、圧倒的に他のアジア諸国の者が主流になると断定し、しかもそのような外国人が多くなることは他国の動向から不可避であり、「外国人の参政権の問題は、日本国民固有の問題でもあり、日本の将来に決定的影響を与えうる重要な政治的・社会的問題である」という見解を表明しています。長尾氏の主張は憲法論から外国人の参政権問題を論じており、参政権は「日本国民固有の問題」という立場から、外国人の参政権は認めるべきではないというものです。私の意見としては、では長尾さんは日本の植民地支配の清算を、憲法論を離れてどのように考えているのかお聞きしたいと強く思います。すなわち、植民地支配の結果来日し、日本の敗戦後もそのまま日本に残った台湾人、朝鮮人を、自由意思で来日した一般外国人とまったく同じように扱うことの是非についてです。

朝鮮排除の問題点―「国交のない国」という理由について

今回の法案について政府からは、どうして国交のない国（朝鮮と台湾を念頭に置くものの、台湾は実質的に国交のある国に該当すると解釈しているため、朝鮮だけを指す）を排除するのかの説明はありません。法案は、「外国人登録原票の国籍の記載が国名によりなされているものに限る」とあり、朝鮮籍者及び無国籍者は除かれています。そうした疑問に対して近藤さんから以下のように説明をいただきました。

「韓国」籍は選挙権は認めるが、「朝鮮」籍は、選挙権を認めないという意味です。日本としては、朝鮮民主主人民共和国は「国」とは認めていないので、朝鮮民主主義人民共和国に帰属していようが、いなかろうが、「朝鮮」籍は、すべて選挙権の対象から除くという意味です。ついでに、国名で書けない、「無国籍者」も除くという副産物も付いています。

朝日新聞は若干疑問を呈していますが、それでも曖昧で中途半端な主張でした。二〇〇九年一一月二三日の社説（「外国人選挙権―まちづくりを共に担う」）は、永住外国人に対する地方参政権付与を擁護しつつ、「外国人が大挙して選挙権を使い、日本の安全を脅かすような事態にならないか」という議論に関しては、「人々の不安をあおり、排外主義的な空気を助長する主張には首をかしげる。むしろ、外国籍住民を……地域社会に迎え入れることで社会の安定を図るべきだ」と批判しています。しかし朝鮮を排除することをどう考えるのかに関しては、「議論をすべきだろう」と論ずるにとどまり、明確な主張がありません。一六日の日経の社説（「外国人参政権は幅広い議論で合意点を」）も同じ趣旨です（「参政権は憲法や民主主義の根幹にかかわる。……結論を急ぐような対応をとるべきでない」）。

政府は、外国籍者の参政権が憲法違反ではないということを説明する説明責任があります。パンフレットを作るなどして徹底して憲法違反ではないという内容を一般社会に知らせるべきです。帰化を容易にする手続きは参政権法案つぶしの対案でなく、それはそれとして実行してもらえばいいことです。最後に、「安全保障の面の危険性」も、外交問題に関しては国が責任を取りきることを明確にすればいいのです。

今のところ朝日と日経に見られるのは、朝鮮に制裁をすべきだという世論に与する姿勢であり、日本に住む外国人の参政権付与の問題に外交問題をもって権利の制限をするべきではなく、原則的な立場に乗っ取った措置をすべきであるという主張はなされていません。原則的な立場とは何か、それは日本の植民地支配の清算という視点を明確にすることです。植民地支配の清算というのは、韓国併合そのものが不当なものであって、植民地支配は〝不幸な歴史〟であったということでなく、〝誤った政策〟であったということを明らかにし、永年にわたる朝鮮支配に対して敗戦後十分な対応をしてこなかったことを認めたうえで、永住権をもつ外国人に関しては、国籍にかかわらず、原則的に参政権を付与するということを宣言していくということです（その参政権を拒否する権利も同時に認められるべきであるということは言うまでもありません）。民主党の小沢一郎幹事長は、国内外で参政権の実現を公言していますが、彼のHPを見ると、植民地支配が不当であったという記述はありません。戦争はすべきでないという発言をする野中広務にしても、こと植民地支配に関しては清算の責任があるという発言をしません（『差別と日本人』（辛淑玉・野中広務、角川書店）。

「朝鮮籍」排除の問題点―選挙人資格の差別は憲法違反

外国人登録証というものがあり、その国籍欄の「朝鮮」は国籍を意味しません。日本の敗戦後、全ての在日朝鮮人は日本国籍保有者と「みなされ」、同時に外国人登録証の常時携帯を義務付けられるというあいまいな位置に置かれました。その国籍欄には当初全て「朝鮮」と記されていました。大韓民国の独立で「韓国」に変更する人が増えましたが、韓国政府誕生の正当性に賛成できず、かといって朝鮮民主主義人民共和国（以下、朝鮮とする）を支持しない人も国籍欄を「朝鮮」のままにして現在に至っています。

国交のない国の国民は参政権の対象にしないということは、具体的には、外国人登録の国籍欄が「朝鮮」である人は永住権者であっても排除するということになります。しかしこれは特定の思想・信条をもつ者の選挙権を否定することであり、憲法違反です。憲法四四条「[議員及び選挙人資格]両議院の議員及びその選挙人の資格は、法律でこれを定める。但し、人種、信条、性別、社会的身分、門地、教育、財産又は収入によって差別してはならない」、とあります。この点をマスコミが論じることはありませんが、最も重要なポイントです。

植民地下にあった朝鮮半島が日本の敗戦による独立後、米ソの対立によって二つの国に分断させられ、日韓条約による韓国との国交回復はあっても、朝鮮との国交樹立はなく、植民地支配の清算が行われていないのです。拉致問題や核開発によって朝鮮は一挙に悪者にされましたが、日本側に植民地支配の清算が終わっていないことの認識は希薄です。

今回の参政権に関しては、朝鮮側は参政権を同化・帰化を促進させるととらえ絶対反対です。「海外公民」である在日は「内政干渉」すべきでないという立場なのです。また民族教育の保障をはじめ、生活全般の差別と切り離された、参政権だけを取り上げるあり方にも反対しています。朝鮮を排除するという決定は大きな禍根を残すでしょう。日本政府は、朝鮮・韓国側の意向とは関わりなく、自らの責任においてすべての永住権者に参政権を付与するという原則を貫徹すべきです。

「Q 永住外国人以外にも対象を広げるべきではないでしょうか？」

高齢者が多くなる日本社会に労働力が不足するので、海外からの労働力を受け入れることは不可避だというのは経団連も主張するところです。しかし政財界から「多文化共生」が言われだされたときは、彼らの人権を全的に保障していくというより、まさに建前として「共生」を謳い、労働力としての外国人を受け入れていこうということから、文化面（名前や固有な文化）の多様性だけが強調され、取り上げられてきたのです。

労働組合は女性と外国人の非正規社員解雇を黙認してきた

昨今、非正規社員の解雇が問題になっていますが、上野千鶴子さんによれば、女性の非正規社員の解雇が常態であった時には社会問題にならず、男が解雇されときに初めて大きく社会問題化されたとジェンダーの視点から指摘しています。それは正しい指摘だと思います。普通の家庭では男が家族の大黒柱であることが多く、ジェンダー問題ではなく、その大黒柱が解雇されるようになったから大問題になったという意見も聞かれますが、私はそうではないと思います。

実は、今回の非正規社員解雇の「先駆け」として、外国人労働者がいの一番に解雇されているのです。その時、日本の正規社員によって成り立つ労働組合は何も言わず、いかなるアクションも起こしませんでした。川崎の市職労が同じ職場の労働者であるのに、外国籍公務員が差別待遇を受けているのに何もアクションを起こさないのと（あるいは形だけのアクションを起こすのと）同じです。もし外国人労働者の不当解雇のときに、あるいは女性非正規社員が解雇されたときに組合が自分の問題として取り組んでいたのならば、どうなっていたでしょうか。今大きく取り上げられている非正規社員の再就職の課題の中に外国人労働者も含まれているでしょうか。まず日本人の救済が先、日本人の就職が難しくなってきたのは外国人労働者が増えたから、私にはそのような発想、発言の中に日本社会の排外主義の臭いがするのです。

二重国籍制度について

一般永住者とは、一定の長期間日本に滞在したうえで申請した外国人に対して与えられる資格ですが、特別永住者とは、「日本国との平和条約に基づき日本の国籍を離脱した者等の出入国管理に関する特別法」により、退去強制が制限され、特別に安定した永住権を認められた在日韓国・朝鮮・台湾人を指します。両方合わせて、優に九〇万人を超えます。二〇一〇年一月一六日の日経の社説によると、「法務省によると日本にいる永住外国人は二〇〇八年末時点で約九一万人。このうち在日韓国・朝鮮人などの特別永住者が約四二万人を占める」とあります。今回の参政権はこの一般永住者と特別永住者を合わせた人を対象にしています。その四二万の中の何名かは公表されていませんが、「朝鮮籍」者を「北朝鮮とは国交がない」から排除することの欺瞞については前述した通りです。

特別永住者である四二万人の「在日」はどうして日本国籍をとらないのでしょうか。私は植民地支配の清算をしないまま今日にまで来た、戦後日本のあり方が大きく影響していると考えています。二〇〇〇年施行のヨーロッパ国籍条約では二重国籍を容認しています。国籍は一つだけという考え方そのものが大きく変わってきているということを、私は近藤さんから学びました。

ヨーロッパのように、韓国・朝鮮「籍」を破棄せずに日本国籍取得が可能になり二重国籍者制度が確立されれば、また事態は変わる可能性が出てくるでしょう。ヨーロッパとアジアは違うと強調されることもありますが、しかし重複国籍を認める流れが世界的に確実に定着しはじめたということは注目すべきです。

韓国では優秀な人材を集めるために、二重国籍制度を認可すると発表しています。永住外国人の参政権も既に実施しています。本来、歴史的な経緯のためか、日本よりも「国民意識」が強い韓国ですが、相互主義を前提に在日韓国人の参政権の法案化を日本に求めてきた経緯があります。また韓国の国会では、海外の韓国人に参政権を与えることを決定し、大統領・国会議員選挙に参加させようとしています。従って、在日韓国人は、国政レベルでは韓国、もし日本の国会での法案が通れば、地方では日本の政治に参加するということになります。在日韓国人にとって選択枝が増えることは事実ですが、韓国では国民国家の論理を活用して優秀な労働力を確保するという意図が見え隠れし、また国際競争力を強める国家への忠誠心を求めることにもつながると考えられます。

「在日」の帰化を勧める鄭大均批判

「アイデンティティと国籍の乖離」を強調し、言葉もできず韓国人としてのアイデンティティを既に喪失している在日は日本国籍を取得するべき（＝帰化）と主張して、鄭香均の東京都訴訟を批判してきた鄭大均（首都大学名誉教授）の影響力は想像以上に大きいようで、櫻井よしこはもちろん、参政権に反対する右翼陣営にとってとても都合のよい在日学者の登場と捉えられたようです。

鄭大均のように韓国と日本を往復する在日はいくらでもいます。一般論で在日の「アイデンティティと国籍の乖離」を語って「帰化」を推奨する鄭大均は、自身は帰化して日本国籍を取得していても、自分もまた多様な在日の一人であることをどのように考えてきたのでしょうか。また、明確な法律もなく単なる政府見解である「当然の法理」を理由にして外国籍公務員の昇進や職務制限をしている現状を黙認するのでしょうか。

近藤さんは控えめに書いていますが、そうであればまさに鄭大均は、堂々と二重国籍を要求すべきであったのです。韓国語が話せず、歴史も知らない在日をアイデンティティの喪失者と決めつけるべきではありませんでした。私も鄭大均も、過去はそのような在日ではなかったでしょうか。しかし日本社会の差別構造に気づき、それと対峙する過程で民族主義者にもなり、それを克服して国民国家そのものを相対化する視点を得られるようになった在日はいくらでもいます（私自身がそうです）。それを日本の右翼と一緒になって、在日に帰化を勧めるというのは私には納得できません。

「国民国家」を乗り越えたいと願う私自身は、最終的には国籍はどうでもいいと思っています。しかし国家に忠誠を誓わなければならないような（櫻井よしこたちはそういう「儀式」を要求し始めています）、自分の過去を捨て去るような気分にさせる現行の制度の中で、日本国籍を申請して帰化しようとは夢にも思いません。しかし韓国籍もそのままで二重国籍を取れるのであれば、日本国籍を取得することは考慮してもいいと思います。私の家族はいずれも韓国籍ですが、そうなれば、香港で永住権をもち参政権を行使する長男（日本の永住権もあります）、アメリカの市民権を取った長女（日本の永住権は放棄しました）、日本で参政権を持つ（であろう）次男（日本の永住権者）、それに将来、日本と韓国の二重国籍を持つ（であろう）父親の私ということになるのでしょうか。親戚にまで範囲を広げると、韓国に住む親族、朝鮮、アメリカ、中国、それに樺太に戦前いた伯父の息子はソ連とそれぞれ国籍は異なっています。同じ身内でもこれほど国籍は多様です。国籍というのは絶対的なものではないのです。私はたとえ自分の身内であっても、鄭大均のように、他者に帰化を勧めることはしません。国籍の選択は他者から強制されたり、自分の知らない間に決められてはいけないのです。私たちの歴史からそのことを私は肝に銘じています。

住民自治の充実を

国家の政策より地方自治体が先行する例として、近藤さんはオランダの例をあげます。外国人の地方参政権を認める法改正を論議している間に、アムステルダムとロッテルダムという都市が先行して、区議会の参政権を条例で認め、アメリカのタコマ・パーク市（メリーランド州）も一九九二年から外国人の地方参政権を条例（都市憲章）で定めたそうです。

しかし日本の場合、地方自治体の条例は現実的には、国家の法律（今回の地方参政権の法制化）に先行する行動が地方においてとられるとは考えられません。事実、現行の公職選挙法および地方自治法は、「日本国民」であることを地方参政権者の要件としています。

実際は、分権化論が進んで道州制に関する議論があっても、政令都市内の分権化を進めるべきだという議論が活発にされることはありません。これは日本では地方自治体が国家に従属するものと理解されているからであり、住民自治が実際には機能していないからだと私は考えています。住民の政治参加が四年に一度の投票にとどまらず（ハンナ・アーレント『革命について』（ちくま学芸文庫））、政令都市内での分権化が進めば、住民自治が区単位の二〇万人くらいの規模で行われ、「区議員」が公選公募で決定され、予算権を取って「区議会」を運営するようになれば、そしてそのことが条例で定められれば、そのとき、外国人住民は当然のこととして選挙権、被選挙権をもって政治参加をしていくことが可能になるでしょう。少なくとも、このことを制限する法律は現在ありません。これは外国人への参政権の付与の問題ではなく、日本の地方自治・住民自治の内実の問題です。住民の政治意識・自治意識の充実（高まり）とともに、外国人住民が選挙権・被選挙権をもって地域において政治参加をする時代が来ると私は信じています。

このことは前回の京都の市長選においても「区民協議会」を主張した候補者が（一三〇万人の人口で）八〇〇票差で敗れたものの、条例で「区民協議会」という仕組みが作られたときには、そしてその中で（今回は外国人の政治参加の言及は公約の中にはなかったものの）外国人の政治参加（参政権―選挙権と被選挙権）が市議会で決定されれば可能だったのです。もっとも私がその候補者及び支援する識者に直接、どうして選挙前に「区民協議会」における外国人の政治参加に言及しなかったのかと尋ねたところ、そのことを真剣に検討した形跡はなく、「政治判断」という答えでした。

「Q 国民主権原理から、外国人の地方選挙権は認められないのではないですか？」

近藤さんの見解は明快です。国民主権原理と外国人の地方選挙権（参政権）は両立可能だというのです。ナショナリズムの要素が強い（悪い）国民国家があり、民主主義の要素が強い

（良い）国民国家があるという考え方です。日本はナショナリズムの強い国民国家であったが、民主主義の国民国家になって外国人の地方参政権を実施するべきだということでしょう。国民「主権」は憲法制定（改正）権を含み、地方の条例制定権は含まないので、彼は地方自治の国に対する独自性を認め、外国人は国政はできなくても、地方自治に関しては参政権を持つことが可能ということを言いたいようです。

「国民国家」の「統合」と「多文化共生」政策に問題はないのか

正直に告白すると、実は私はこれまで近藤さんの本を買っていましたが、あまり真剣に読んでこなかったのです。それは彼が、国民国家のあり方として「統合」と多文化共生をア・プリオリに正しいものとする論理を展開しているからです。その楽観性は、国民国家の位置付けをナショナリズムと民主主義の要素に分け、外国人排斥を前者のカテゴリー、外国人に参政権や二重国籍を承認するのは後者、と説明する仕方にも表れているように思われ、私は物足りなさを感じていました。

上野千鶴子の『ナショナリズムとジェンダー』（青土社）や、西川長夫の『〈新〉植民地主義論』（平凡社）などを読み、国民国家そのものの問題点について学び思考を深めていく中で、国民国家を前提に、何の躊躇もなくその「統合」のために多文化共生の総合的な取り組みを説くことには違和感がありました。

国民国家は世界中どこでも全て同じようなシステムを持つのですが、ソ連のような国民国家の崩壊もあり、国民国家は絶対的な存在ではないのではないか。また調印された条約や法律を絶対化し既成事実化するのであれば、韓国併合の条約の解釈はできても、その条約そのものの不当性を主張するのは、この学問分野ではできないのだろうと漠然と思っていました。しかし、今回外国人の地方参政権の問題で原稿依頼をされ、改めて近藤さんの本を読み、他の学者の論文や著作と比較して、私の誤解も解けました。

「多文化共生」の優等生、川崎の場合

近藤さんの「統合」と多文化共生に何の疑いや批判を持たないその論理の立て方には、外国人への参政権の最大の提唱者・擁護者の一人であることを認めつつ、私はまだ賛同できません。しかし近藤さんの海外を含めた豊富な知識と進歩的な法解釈と、私たちの川崎での実践が結びつき、市の外国籍公務員施策の論理を突破できるやり方の検討ができればと願います。

多文化共生という美名の下で、外国人差別が制度化、構造化されている許せないような不条理が正当化され、行政と市民運動がその問題について一切の言及なく「共生」を宣伝しているのを知り、私たちは一〇年以上、実際に国籍条項をめぐって市当局とやりあい、担当者のあまりにひどい発言を何度も目にしてきたものですから、「共生」をむしろ乗り越える対象として捉えてきたのです。

「当然の法理」にある「公権力の行使」を川崎市は独自の解釈で「市民の意思にかかわらず、市民の権利・自由を制限すること」として、あらゆる職務をその基準で選別して一八二の職務に外国籍公務員は就かせないことにしました。今では禁止職務は増えて一九二になっています（二〇〇七年九月）。新たな条例によって、外国人に禁止される職務はさらに増えると思われます。

ケースワーカーになりたいと四度にわたり川崎市当局に申し込んだ在日の職員は結局、ケースワーカーは「公権力の行使」の職務だからだめだということになりました。川崎市は外国籍公務員の処遇について見直しが必要と思っているようですが、「公権力の行使」について独自な解釈をして「運用規程」まで作っているので、見直すためにはその独自の解釈そのものを見直すしかありません。「門戸の開放」のために市当局と市職と市民運動が知恵を絞って作りだした川崎の「独自の解釈」（「川崎方式」）はそんなに簡単に変更することはできないようです。

しかし法の下で平等であるべき公務員を国籍によって職務を制限し昇進を禁じるのは、どのような詭弁を用いようが根本的に間違いです。「当然の法理」があるからと当局は応えてきましたが、「当然の法理」によって職務と昇進の制限・禁止をしておいて、その理由は「当然の法理」だというのであれば、それはトートロジー（同義語反復）です。論理的に破綻しています。

進歩的と言われている研究者やマスコミは川崎の「共生」を賛美するばかりで、その実態を批判的に見て発言する人はこれまで皆無だったと言っても過言ではありません。しかし何人かの川崎の「共生」施策を賛美していた学者もよく話し合うと、市当局のパターナリズム（家父長的権威主義）的な姿勢を批判したり、外国人への「門戸の開放」の仕方が問題だ、最近市長の姿勢が変わってきた等と言うのを耳にするようになりました。彼らが沈黙を守るのは、日本の全体状況から見て、川崎の「共生」施策を批判することは反動的・右翼的な陣営に与する、利敵行為になると言うのですが、それでは内部批判なくして進展があるのかと聞きたくなります。

社会学の分野では多文化共生と「統合」の問題点を指摘する人が増えてきているのですが、教育学の分野ではまだ多文化共生を全面的に肯定する立場の人が多いようです。多文化共生の推進と「日の丸・君が代」の強調とが並行して行われていることをどのように評価するのか、実際、外国籍の地方公務員が受けている差別待遇をどうして黙認しているのか、私としては議論したいことが多くあります。川崎の「共生」政策の底に流れるものは日立闘争だと主張しながら、「共生」が日本全国、韓国を含めた東北アジアにまで広がることを提起する『多文化共生教育とアイデンティティ』の著者は、私たちが指摘する「共生」の問題点にはまったく触れず、日立闘争の当該者とのインタビューさえせずに「共生」賛美の本を書いています（金侖貞『多文化共生教育とアイデンティティ』明石書店）。

「開かれた地域社会」とは

私たちが「開かれた地域社会」を求めて「共生」批判をしているのは、近藤さんの論理からすれば奇妙に映るでしょう。「開かれた地域社会」とは、住民自治が行われ、いかなる差別も許さない地域のことです。「Sustainable Community」という単語と概念を宮本憲一から学びました（永井進、寺西俊一、除本理史共編著『環境再生』有斐閣）。「持続する社会」と訳されているものを私訳で「住民が生き延びる地域社会」とし、「平和と民主主義を希求し、国籍にかかわらず全ての住民の自由、平等、基本的人権を保証し絶対的貧困を除去すると同時に、環境・資源・生物多様性の維持・保全を根底に据えた、住民が主体となった住民自治を志向する地域社会」と概念を修正してみました。

政治参加の制度が確立されていても、それだけでは住民自治が実際に実現されていることにはならないというのは、川崎の例を見れば一目瞭然です。選挙権・被選挙権があるというだけでは、住民自治は実現されません。どうして日本の住民主権、地方自治が実態のあるものにならないのかということはあらゆる識者が感じている、解決していかなければならない戦後日本の最大の問題点のひとつです。市民革命がなかったからだとか、いろいろと言われていますが、西欧の近代化の仕組みに形として近づいても、どうしても日本の地方自治が前近代的な要素に巻き込まれているということは周知の事実です。

西川長夫の思想（国民国家、植民地主義批判）

私たちは、多文化共生を地域の治安や国民国家の統合を求めるイデオロギーのひとつと捉えています。昨今、「共生」ということがあらゆる領域で言われだした社会的な背景として、労働力の確保という観点から経団連は外国人労働者の必要性を強調していますし、それに応える形で日本の国策も作られ多文化共生が謳われだされたと私は考えています。

西川長夫は、国民国家は本質的に植民地支配に向かうもので、大都市内の格差、地方格差を国内植民地支配の問題として捉え、個人の価値観（または個人のアイデンティティ）そのものより国民国家の価値観（ナショナル・アイデンティティ）が先行すると看破します。不可避的に国民国家の、他国への植民地支配とそれをよしとする価値観を外在的なものと捉えず、自分自身がその国民国家の中で生まれ育ったことで、その価値観が自己の奥深く無意識の領域にまで巣くうことを認識し、その現実を受け留め、自らその価値観と格闘しようともがく姿があるために、彼の主張は人の心を打つのです。そのような感性の持ち主だからこそ、これまで多くの学者から問題にさえされなかった（関係する専門分野の人は除いて）「当然の法理」が、自分の研究してきたヨーロッパの文明・文化の本質、国民国家の本質と関係すると捉えることが可能であったと、私は見ます。（参照：「「当然の法理」に対する西川発言の真意が明らかになりました―西川さんからのお手紙から」https://oklos-che.blogspot.com/2009/02/blog-post_12.html）

それに比して、海外のポストコロニアリズムの論理を日本に紹介した先鋭的な研究者が、「当然の法理」の問題点を明確にしていき、実際の戦後責任の問題として、植民地支配の清算の立場から外国人の参政権問題や外国籍公務員の受けている差別の問題を論じたものはとても少ないのです。日本の学界の最高のレベルにある日本学術会議においてさえ、歴然と存在する「当然の法理」による差別の問題がいまだ解決されていません（参照：二〇〇九年六月一五日「日本学術会議主催講演の意外な結末」（https://oklos-che.blogspot.com/2009/06/blog-post_15.html）。

実践につながる具体的な解決に向かう研究は限られています。彼らは実際の多文化共生がどのようなものかの批判的な検証をせず、共生のもつ問題を黙認してきたと、私は見ています。もちろん、外国人の多住地域の問題をとりあげる識者がいることも私は知っています。しかし関心があっても当事者をパートナーとして対等な立場で問題解決を図ろうとしているのか疑問です。

国民国家の枠を越える

資本主義社会の国家であれ、社会主義国家であれ、近代社会における国民国家のバリエーションであるという立場に立てば、国民国家を絶対化して、その枠内で発想し、思考することは、結果として国民国家の維持をはかることになるしかないのではないか、私は近藤さんの著作を読み尊敬の念を覚えながら、このような思いに駆られるのです。

東北アジア圏構想は政治家や学者、運動家の理念、スローガンとして掲げられ、その発想は国民国家の枠、概念を超えるものとされていますが、私には観念的な言葉に聞こえます。むしろ、足下の地域社会において、国民国家の枠を超える理念と具体的な実践が必要なのではないのかと思うのです。私はふと、朝鮮戦争のとき米軍の飛行機が日本から朝鮮半島に飛ぶのを阻止しようと立ちあがった朝鮮人と日本人の闘いを思い浮かべます。もちろん、先頭に立ち命を張ったのは朝鮮人であり、日本人共産党員はその背後におり、そのまた後ろに幹部がいました。その時の思想と行動が正しかったとは思いませんが、しかし彼らの情念と行動には胸を打たれます。

そのとき、朝鮮政府は在日朝鮮人に祖国の存在を訴え「海外公民」であるので「内政干渉」をしないように訴えました。日本共産党は六全協において共産党員は日本人であることを宣言して今日に至っています（党の国籍条項は今も生きています）。それ以来、在日で民族意識に目覚めていった者は、祖国統一と韓国の民主化の闘いに参加することが民族の主体性だと理解し行動してきました。徐勝をはじめ多くの在日青年が韓国の民主化に命をかけてきました。しかしそれはある意味で、民族主義的な国民国家論に全的に依拠するようになったということです。

二十歳すぎに日立闘争に出会い、自分の足元を直視し差別と闘い、日本社会に朝鮮人として入りこむことを主張してきた私は、その後川崎において地域活動を提唱してきました。民族差別と闘うことを通して一人前の民族主義者のつもりでいた自分が恥ずかしくなります。それから四〇年が経ちました。私は今、「住民が生き延びる地域社会」を掲げ、全面的に「開かれた地域社会」を求めていきたいと願っています。

その行き着く先は、住民自治です。外国人の地方参政権は両刃の剣なのでしょう。日本国の「統合」の手先と言われるかもしれません。しかし四〇年前、私は日立闘争に没頭し、日本社会に入り込むことを主張し、「同化論者」として在日韓国基督教会の青年会の代表委員をリコールされた人間です。その後、自分なりには誠実に生きようとしてきましたが、その過程で多くの失敗を重ね、多くの人に迷惑もかけ、この歳になりました。後残された人生、悔いの残らないような実践をしていきたいと願っています。

韓国併合と川崎の重工業化

一九一〇年の韓国併合から一〇〇年、その併合の年に川崎の工業化が始まりました。在日が多く住むようになったその街は、日本の富国強兵と高度成長政策のために、臨海部はまるで怪物のような醜い姿になり、市民が安らぐウォーター・フロントのない公害の街になってしまいました。北朝鮮帰国運動はそのような川崎から提唱されたのです（テッサ・モーリス・スズキ『北朝鮮へのエクソダス』朝日新聞社）。

そのとき彼らは貧困と差別の中で生き、公害の被害をまともに受け、絶望の中から「出エジプト」を決断したのだと思います。その一〇万人にも及ぶ在日が、祖国においても悲惨な生活を余儀なくされていると聞くと胸が痛みます。私は、彼らの痛みを覚え、「出エジプト」ではなく、奴隷の地であった「エジプト」に入って行き、その変革を目指していきたいと願うのです。

川崎の公害の歴史と現実から「環境再生」を主張する一六名の学者は、正確な分析と展望を掲げ、まちづくりを提唱します。しかし川崎の中でも最も悲惨なところに住まざるを得なかった外国人住民についての歴史と現実への言及は一言もありません（『環境再生』永井進、寺西俊一、除本理史編著　有斐閣）。その学者たちは何度も外国人の多住地域を訪れながら、在日の存在が見えなかったのでしょうか。同じ街に住む外国人住民を除外したところで住民自治がはたして成り立つものなのでしょうか。「再生」するまちづくりに外国人住民が当事者として加わらなければならない必然性があると私は思います。

まちの「再生」とは、まさに「住民が生き延びる地域社会」を求めることであり、外国人住民もまたそのまちづくりに参加していかなければならないのです。その流れの中で住民自治の内実化が図れるのだと私は思います。その過程において、私は外国人住民の政治参加が勝ち取られるという夢を見るのです。その時には、外国人住民の選挙権と被選挙権は当たり前のものとなっているでしょう。

結び

外国人の地方参政権の法案が今回の通常国会で通過するのかどうかは未知数です。しかし、この一〇年間言われてきた外国人の参政権が実現される可能性は、過去に比して比較にならないほど高まったことは事実です。この小論で検証したように、外国人の地方参政権が合憲なのか、憲法違反なのか、安全保障上の危険があるのかないのか、あるとしたらそのリスクヘッジは可能なのか、まず政府には説明責任があります。

私は、永住権をもつ外国人が地方参政権を取得することは当然だと理解しています。しかし被選挙権のないことはひとまずおいても、制裁的な意図をもって朝鮮を排除する法案は根本的に問題があると考えます。「国交がないから」というのは、具体的には、特定の思想・信条をもつ者の選挙権を否定することであり、憲法違反です。

地方参政権を取得するということは選挙によって「公の意思形成に参画」することであり、この権利を認めながら外国籍公務員が地方公務員の管理職に就くことを同じ理由で拒絶することはできなくなります。川崎をはじめ各地方に置いて、「当然の法理」との闘いはさらに前進するでしょう。

日本に住み、今後も住み続けるであろう外国人永住者は、地方参政権を付与されるのでなく、主体的に取得するのであり、その当事者の権利を日本社会は当然のこととして認めるべきです。もちろん、その権利を拒む権利も当事者にはあります。読者は贖罪論的な観点でなく、戦後責任の問題として過去の植民地支配の清算を行うという位置づけを明確にし、地域社会において、日本の課題である住民自治の実現を目指すべきでしょう。外国人住民がその仲間として一緒になって汗をかく時代がきっと来ると私は確信します。

（「靖国・天皇制問題情報センター通信」九一号・二〇一〇年）

「多文化共生」は、現代の植民地主義のイデオロギー

先週、久しぶりに保育園の運動会を観る機会がありました。若いママ、パパに交じっておじいちゃん、おばあちゃんがみんなカメラを持ち孫に声援を送っていました。しかしよく見ると、そのおじいちゃんはまだ私より若い世代のようでした。そうなんだと自分の年齢を思い知らされた次第です。

1－2歳、3歳、4歳、年長さんと分かれて行われた運動会のプログラムは、それぞれの年齢の成長具合がよくわかるように構成されていました。1－2歳の子は保母さんの服につかまっていたり、抱かれて行進をするのですが、3歳児になるともう一人で歩きます。年長さんになると走るスピードもあり、狭い運動場では体力を持て余すような感じです。

その保育園では何人かの外国人がいるようで黒い肌の子どもが一緒になって歌を歌ったりしていました。障害のある子もいるようです。がんばろうねとリーダシップ

を発揮する子もいれば、恥ずかしそうにしている子もいました。しかし小さい子どもたちは年長さんへのあこがれがあるようで、年長さんもそれを意識してか、張り切って動いているようでした。

プログラムの最初は、年長さんが一人ひとり名前を呼ばれて縄跳びで運動場を一周するのですが、もちろん上手な子がいればうまく飛べない子もいます。それでも全員、自分なりに縄跳びをしながら場内一周をして拍手喝采を受けみんなうれしそうでした。走っては急に止まるような3歳児ではなかなかできないことも年長さんは上手にやっていました。そうか、子どもはこんな風に成長していくんだなと、自分の子どもたちのときには、「運動」に忙しく、なんの思い出もないのに気が付き愕然とした次第です。いいお父さんじゃなかったな、自分は……。

私たちは40年前、日立就職差別闘争に関わり、川崎の地で、自分たちと同じように朝鮮人であることに苦しんだり悩んだりしない子どもにしようと、保育園のなかで民族的な要素を入れ、日本の子どもにも韓国の歌を教えたり、本名を名乗らせるようにしてきました。それをいつしか「民族保育」というようになりました。今は「多文化共生保育」というそうですが、私は運動会の子どもの成長具合を見ながら、自分たちのやってきたことはなんだったのか、考え込みました。

差別に負けない子、差別をしない子、集団保育、発達の保証ということを「民族差別」

の中味として考えていました。しかし運動会での子どもたちを見ていると、一人ひとりの個性、集団の中で磨かれる個性、それを暖かく見守る保育士集団、その保育士集団を束ねる内部の組織のあり方ということが頭をよぎります。

差別に負けない子にするという当時の自分たちの思いが先走りしていたのではないのか、その熱い思いが観念となり、押しつけになり、結局、一人ひとりの子どもの成長を見守り、集団づくりというような（集団づくりが必要だったのは子どもより、周りの保育士や保育園全体でしたね、今思えば）思いあがったことを考えていたことを恥ずかしく思います。

「民族保育」にしても「多文化共生保育」にしてもその最大の欠点は、子どもを観る一番最初の視点をその子の「属性」「民族」「国籍」などに置いている点です。しかしそうではなく、やはり、一番重要なことは「にんげん」です。

いろんな個性を持つ一人ひとりがその子なりに成長していく、生きていく基礎的なところにどうしてもっと考えが及ばなかったのでしょうか。それは「民族」だとか、「差別と闘う」という思いがこちら側の目が曇らしていたからでしょう。ナショナル・アイデンティティは個人のアイデンティティより先にあり、そのナショナル・アイデンティティを批判的に見ることができなかったからでしょうか。私たち自身が民族というものを何よりも重要だと思っていたからでしょう。しかしそれは間違いだと今になって思います。

そのことは結局、今の日本社会の「多文化共生」をもてはやす動向とも一致します。「多様化」とか、みんな仲良くと言いながら、根のところ、本質的なところでは外国人を「二級市民」と見做し当然視しているのです。それを文化的な要素だけに限定して受け入れもてはやし、これだけ外国人を受け入れていると思うのはパターナリズムに陥ることになるでしょう。「多文化共生」が成り立つのは、その底に日本のナショナリズムが前提とされているからで、そのことを批判的に乗り越えるべきものと捉えられていないからです。

右から左から、経営者から労働組合、すべての人が口をそろえて「多文化共生」「共生」を賛美するのは異常です。その根底には強固な、無意識な日本のナショナリズムがあるのです。日本の為政者は「共生」と「統合」を同じ概念としています。さもありなんというところですね。多文化共生は現代の植民地主義のイデオロギーです。

「多文化共生の街、かわさき」ではなく、「住民主権の街、かわさき」に変えていかなければならなりません。一人ひとりがしっかりと自分の意見を言い、対話ができ、そこで共有化されたことを国籍や民族、障害の有無、性、所得に係りなく具体化していける街、かわさき、そんなことができればいいですね。

第四章　原発体制と多文化共生について

原爆／原発体制は、資本と国家の結合が推し進めてしまった末期的な危機であり、植民地主義の末期的な形態であることを詳しく論じる余力は私には残されていないが、私たちはいま、人類が生き延びるための最後のチャンスに懸けているのではないだろうか。

（西川長夫『植民地主義の時代を生きて』平凡社、二〇一三年、六頁）

はじめに

西川長夫が生涯、国民国家と植民地主義の問題を考察し続け、三・一一福島の原発事故を知り、その最後の著書に書いた「いま、人類が生き延びるための最後のチャンス」。この言葉の意味は何でしょうか。

研究者でもなく、在日朝鮮人として己の生きる道を模索してきただけの私は、彼の「遺言」にたじろぎながら、私もまた同じ言葉を心の中で紡ぎ、彼の言葉に深く共鳴するのです。私は、日本社会の在日朝鮮人に対する差別構造を問うた日立就職差別闘争（第一一章参照）を担い、川崎を拠点にした地域活動を経験して、その後ながく生活の糧をえるために呻吟しながら、三・一一の後、福島第一原発事故を起こしたメーカーの責任を問う「原発メーカー訴訟」を提起し原発体制に抗う運動に参加しています。

戦後日本は原発体制を生みだし、二〇一三年度のＧＤＰでは米中に次ぐ世界第三位の豊かさを誇るようになりましたが、それは強固な国民国家体制によって支えられていると同時に、在日外国人を差別・排除する構造をもつものです。グローバリズムが世界を席巻し外国人が急増する中で九〇年代以降に唱えられるようになった「多文化共生」は、はたして個の違いを受け入れる「開かれた社会」に向かい、原発体制に抗う思想的な質をもつのでしょうか。私は在日の立場から見えてきた具体的な問題を提示しながらその問いを考えていきます。読者のみなさんの「戦後史再考」の一助にしていただければ幸いです。

原発メーカー訴訟とは何か？

原発体制のはじまり

二〇世紀の科学技術万能主義の世になって科学者は、核分裂のこれまでにない巨大なエネルギーの可能性を見出しました。日本政府は、経済成長を担うエネルギー源として原子力発電に過大な期待を寄せ、それを正当化する安全神話とともに原発大国化を進めてきました。そして福島原発事故に遭遇したのです。その事故は偶然であったのか、今、その歴史的評価を下さなければなりません。

広島・長崎での被爆、一九五四年のビキニ環礁での第五福竜丸の被曝による一般市民の「核アレルギー」と全国的な原水爆禁止運動がありながら、「原子力の平和利用」というキャンペーンの下で一九六六年から二〇〇六年までの間に全国に五四基もの原発が作られるという、今から思えば狂気の沙汰と言うしかない事態になりました。クリーンで廉価で安全なエネルギー源としての原発神話に幻想を抱き、それをさらに永続的に使えるものにするため、世界ではとっくに廃止されている高速増殖炉建設に向けて日本政府はいまだに莫大な研究費を使い続けています。

原発製造に関わったのは、旧財閥系の大企業（日立、東芝、三菱重工）です。原子力産業は「国策民営」の産業政策として、戦前の国家統制事業的性格に類似する通産省による指導によって保護育成されてきました。官財学マスコミを動員し批判者を排除した翼賛体制は「原発ファシズム」（山本義隆『福島の原発事故をめぐって』みすず書房、二〇一一年）という様相を呈していました。原発体制はもはや制御できない巨大モンスターになっていったのです。

一九五四年三月一日に米軍の水素爆弾実験がビキニ環礁で行われ、そこで被曝した第五福竜丸の事件がその後大きな社会問題になる直前の三月二日、中曽根康弘たちによって原子力研究開発予算が国会に提出され承認されました。五五年に原子力基本法が成立し、田中角栄による日本列島改造論（七二年）の発表の後、七四年には電源三法（電源開発促進税法、電源開発促進対策特別会計法、発電用施設周辺地域整備法）が成立し、原発をつくるごとに交付金が出される仕組みができあがります。

国際社会においては、第二次世界大戦の末期から米ソの対決が始まり、核兵器の独占を狙う米ソ英仏中五か国が中心となった核不拡散条約（NPT）が、一九六三年に国連で採択され、一九七〇年に核保有五か国と日本を含めた世界の大多数の非核保有国が参加して発効します（黒崎輝『核兵器と日米関係』有志舎、二〇〇六年）。インド、パキスタン、イスラエル、北朝鮮は核兵器を保有しながらNPTに参加していません。この条約は、上記五か国を核兵器国と定め、大多数の非核兵器国には核兵器の製造を禁止するという不平等なものです。非核兵器国である日本は、核兵器の開発をしないという約束をし、その対価として「原子力の平和利用」の名の下で原発建設が認められたのです。

一九五四年に原子力研究開発予算を通し原発体制の礎を築いた中曽根康弘や、五七年に総理大臣になった岸信介らが、その後一貫して核兵器の独自保有ということを心に秘めていたことを抜きにして日本の原発政策は語れないでしょう。石破茂自民党政務調査会長（当時）は、二〇一一年八月一六日のTV番組「報道ステーション」で「核の潜在的抑止力」というコンテクストで原発の再稼働の必要性を語っていました。また、二〇一二年に原子力基本法の基本方針に「我が国の安全保障に資する」と付け加えられたことからしても、岸の想いは現在の自民党政権に引き継がれているとみるべきでしょう。

原発体制の現状

日本が作り上げた原発は国内で五四基に及びましたが、福島原発事故後の現在（二〇一四年七月時点）、その全てが運転を停止しています。しかし、一五万人もの人が故郷を離れ家族ばらばらで生きることを余儀なくされ、地域の共同体は崩壊し、未だ汚染水は垂れ流しの状態であり、子どもたちの甲状腺ガンも報告されています。いつ大爆発を起こすかもしれない原子炉は廃炉にするのに何十年もかかります。これまで溜められた使用済み核燃料は最終貯蔵地及びその処理の仕方さえ確立・決定しておらず、安全は全く保障されていません。しかし安倍政権はそれでも再稼働を強行しようとしています。

また、地震か津波か福島原発事故の原因もわからないのに、日本政府は、震災後の新たな成長経済の柱として、ベトナム、リトアニア、ヨルダン、トルコ、台湾そしてさらにアメリカやイギリスなど多くの国に原発輸出を進めています。二〇一四年六月に日本原子力産業協会の発表した「世界の原子力発電開発の動向」（ブレスキット）によれば、二〇一四年一月一日現在、世界全体で四二六基あります。世界の原発は二〇三〇年までに八〇〇基に倍増するという予測も出されており、それを「日本の原発メーカーにとっては紛れもない商機が訪れている」ととらえる報道もあります（産経ニュース　関西版　二〇一三年七月一六日）。そのとき、世界の原発の半分は経済成長を進めようとするアジアに集中することになるでしょう。

台湾では、ＧＥ（ゼネラル・エレクトリック）社の傘下で日立、東芝、三菱重工が建設を請け負って第四原発の工事が進められています。しかし、ほぼ完成している原発の廃炉を求めて二〇一三年には二〇万人デモが台湾全土で起っています。一方、日本政府は、二〇一三年に地震多発国であるトルコとの間で、地元住民の反対にもかかわらず原子力協定の締結を強行しました。安倍首相はインドとの原子力協定締結も公言し、インドネシアやポーランド、中国にも原発建設計画を進めるべく交渉を開始しています。リトアニアでは、二〇一二年に行われた国民投票で新たな原発の建設への反対が示されていたにもかかわらず、一四年に日立がリトアニア政府との合意によって原発を受注することになりました（『朝日新聞』二〇一四年七月三一日）。

また、使用済み核燃料に関しては、日・米・モンゴル政府間で、モンゴル産のウラン燃料を原発導入国に輸出し使用済み核燃料はモンゴルが引き取るというＣＦＳ（包括的燃料サービス）構想が合意されていることも明らかになっています（二〇一一年七月一八日　共同通信）。

原発メーカーは事故があっても免責される背景

福島第一原発事故を起こした軽水炉の原発メーカーは、一号機がアメリカのＧＥ社で、ほかはＧＥから技術を学んだ日立、東芝です。これらの会社は原発事故の後も何の批判を受けることなく、また事故に対する一切のコメント、謝罪の言葉を出すこともなく、まるで何事もなかったかのように原発輸出を続けており、それを日本政府が経済成長政策の柱のひとつとしてバックアップしています。

原発事故に関して原発メーカーの責任は一切問われることはありません。それは事業者（東京電力）以外の責任は問わず、メーカーを免責する原子力損害賠償法（原賠法）という一九六一年に作られた法律があるからです。同法では「製造物責任法の規定は適用しない」（四条三項）と原発メーカーの免責を明記しています。

つまり、東電に全責任をとらせ、被災者への賠償金（約一〇兆円）は政府が援助する仕組みになっているのです。その賠償金は一二〇〇億円の保険金と市民から取った電気料金と税金すなわちパブリック・マネーで賄われています。この結果、原発メーカーには責任を負わせず、「原子力事業の健全な発達」（第一条）のために自由に世界に輸出させるという構図になっています。また、この原発メーカーに事故の責任をとらせないという法律は、形を変えながらも原発建設を計画する全世界すべての国において制定されています。逆に、原発メーカーの免責を法律で明記しなければ、原発建設は認めてもらえないことになっているのです。

アメリカを中心とする核兵器国は非核兵器国と一緒になって「軍縮」「核不拡散」を協議していますが、同時に「原子力の平和利用」を掲げ、原発を世界中に、特に経済成長を求める東欧とアジアを中心に売り込みを続けています。それを法的に支えるのが原賠法であり、原発を製造するのが、アジアではアメリカの核の傘の下で原発輸出を国家戦略とする日本と韓国なのです（ちなみに、アメリカは原発製造の技術とライセンスだけを持ち、自国では製造しません）。日本、韓国は「準大国」で、潜在的核保有国であり、将来の核保有を狙う国でもあります（武藤一羊『潜在的核保有と戦後国家――フクシマ地点からの総括』社会評論社、二〇一一年）。

どうして軍縮を謳うNPT（核不拡散条約）体制と、原発を世界中に広げようとする原発体制が並存するのでしょうか。それは、核兵器と核発電（原発）は一体であり、核兵器国は核兵器を生産するためにプルトニウムが必要で、そのために原発の拡散を必要としているからだと思われます。NPT体制が原発を持つ非核兵器国に核兵器製造を禁じていても、原発の運転の過程で必然的に原爆製造に必要なプルトニウムが作られます。日本が潜在的核兵器保有国であるというのは、原発運転をすることでいつでも核兵器を作ることができるという意味なのです。NPT体制の根本的な矛盾がここにあります。

日本における原発の建設は、安全保障上の核兵器の有効性を前提にしたアメリカの核の傘に依拠しながら、同時に、戦後の経済復興、経済成長を支えるエネルギー源をどう確保するのかという内在的な要求、及び将来の核兵器保有の可能性を残す政治判断によって進められてきたのです。

しかし、その経済成長は、国家戦略として大都市及び大企業中心に計画されたものです。日本列島の周辺地域で進められた原発建設は、日本が経済大国になり国民が豊かになるのに必要不可欠なものと宣伝され、安全神話の下、原発立地地域は交付金や原発関連の産業に依存し、自力では発展のできない地域にされてしまいました。それらの地方の犠牲の上で、戦後日本はアメリカの核の傘の下で平和を維持し、経済発展を成し遂げたのです。

国民国家の桎梏——多文化共生と在日朝鮮人

多文化共生について

「国策民営」産業として原発を推進し豊かさを求めてきた戦後日本の国家政策は、同時に、日本に居住する外国人を差別・排除するものであったことについて論じていきたいと思います。

一九九〇年代以降、急増する在留外国人を前にして政府は「多文化共生」を言いはじめます。そして今や、「多文化共生」という言葉は、当たり前のように使われるようになりました。しかし、その多文化共生は、外国人のトータルな人格、人権そのものを視野に入れたものではなく、狭い意味での「文化」に特化されています。そのため、多様化と相互理解が謳われながらも、多分に曖昧で情緒的なものに終わっています。多文化共生は、グローバリズムと新自由主義の世界的な流れと関連しているのです。多文化共生は、国民国家の相対化に向かうのではなく、むしろ日本のナショナリズムの喚起と結びつけられていることに注目する必要があると考えます。

ここではそうしたことをふまえて、多文化共生が国内外の差別的な構造の上で成り立つ原発体制に抗うのではなく、むしろ原発体制を支えるイデオロギーの働きをしているのではないかということを、「多文化共生の街」を名乗る川崎市の例から考えてみたいと思います。

川崎を例として多文化共生を考える

川崎市南部は、第二次世界大戦時から日本鋼管などの大工場に徴用された多くの朝鮮人が住むようになっており、戦後も朝鮮人の多住地域として知られていました。一九五〇年代末の北朝鮮帰国運動や社会福祉や公務員採用に関わる国籍条項撤廃を求めた差別との闘いは川崎からはじまりました。日立闘争を支援する拠点がつくられたのも川崎でした。

一九九〇年代に「多文化共生」を謳うようになった川崎市は、一九九六年に選挙権のない在日外国人の実情を鑑みて、在日外国人の政治参加を実現するという触れ込みで外国人市民代表者会議を作りました。しかし、それは外国人に対する、行政側がすべてお膳立てした疑似政治であり、政治的権利をもたない在日外国人からの不満に対する「ガス抜き」（上野千鶴子）にすぎなかったといえます（崔勝久・加藤千香子編『日本における多文化共生とは何か――在日の経験から』新曜社、二〇〇八年）。その会議で、川崎市の全人口に対する外国人の割合に応じた予算が付くわけではなく、また決定権もありません。あくまでも市長の諮問機関という位置付けです。討議される内容も、外国人の「地域社会で生活する中での問題」に限定され、たとえば川崎市民の生命にかかわる津波対策や防災計画、三・一一によって汚染されるようになったゴミの焼却灰の処置等の問題は議論の対象外になっているのです。

「外国人市民」という新たな概念は、外国人市民代表者会議設立をきっかけにして作られたものです。また、「外国人市民の市政参加」は、日本人市民の市政参加の方法にも適用されるようになります。阿部孝夫市長のもとで二〇〇四年に制定された川崎市自治基本条例では、「自治運営を担う」「市民の責務」が書かれ、この条例に基づき川崎市内の各区で区民会議が作られました。しかし区民会議に予算の決定権もなく、住民主権とはほど遠く形骸化されたもので、まさにそれは、外国人市民代表者会議の市民版とも言うべきものになっています。要するに日本人市民も、地方自治において自分の意見を反映させるには、代議制民主主義に基づき政党や議員を選ぶだけで、自らが市（行政）の政策決定の過程に直接参加するすべをもたないのです。多文化共生は日本社会の側からは外国人対策の面から語られますが、その際、日本人市民そのものが行政の政策過程に参加することができないでいる実態に目を向けることはありません（崔勝久「人権の実現について――「在日」の立場から」齋藤純一編『人権の実現』法律文化社、二〇一一年）。「市民」の政策決定への参加がひろく論議され、住民主権の議論が深まる中でしか、外国人の地方参政権は実現しないと私は考えます。

日本政府や地方自治体は、急増する在留外国人を社会に「適合」させるために多文化共生を強調します。九〇年代以降の日本社会では、左右のイデオロギーを超え、経営者から政治家、組合、市民運動体に至るまで一部の排外主義者を除いて多文化共生を唱えるようになりました。しかし、それは決して外国人の人権を尊重し基本的人権を保障するためのものではありません。

日本社会の中で増大する外国人の管理を目的としたもので、総務省が提起したコンセプトである「共生」の名の下での「統合政策」なのです。こうした日本の「統合政策」の最大の欠点は、政策決定の過程において当事者である外国人を含め、彼らの思いや意見を聞き一緒に議論することなく、何かをしてあげる、あるいは命令に従わせる対象と捉えてきたことです。

私が地域社会の問題に取り組んでわかったことは、多文化共生とは、外国人なくしては成り立たなくなってきた日本社会の実情を反映するものでありながら、在日外国人を、日本人と同じ「市民」（住民）として対等な関係でなく、「二級市民」として扱うことを前提にしているということです。私たちは、多文化共生とは、グローバル化が進み外国人が増大する中で国民国家の安定と成長を求めて廉価な労働力を確保するための、多様性を大義名分にしながら、国籍による差別を前提にした植民地主義イデオロギーだと考えるようになりました。

在日朝鮮人の状況——国民国家の桎梏

講和条約発効以後、日本籍を「正式に」喪失した朝鮮人は、外国人＝非「国民」として排除と差別の対象になっていました。一九五九年に始まる北朝鮮帰国事業も、朝鮮総連による祖国建設に向けての希望と同時に、日本政府が朝鮮人を日本から追い出したかったという隠された動機がありました（テッサ・モーリス＝スズキ『北朝鮮へのエクソダス—「帰国事業」の影をたどる』

朝日新聞社、二〇〇七年）。それはまさに、日本が国民国家の強化を図ろうとする時期と重なります。

日本で生まれ朝鮮の言葉も歴史も知らず、ひたすら朝鮮人である出自を隠して生きてきた在日朝鮮人二世の多くは、差別の中で、自分は日本人ではない、しかし本国の人とも違う、と実感する経験をもちます。そこから歴史を学び、自分の認識は「歪められた歴史」からくるものだと理解し、「民族」の自覚を持ち始めます。覚醒した「民族主義者」は、当然のことのように本国の政治状況、民主化闘争や、祖国統一運動への参加という新しい国民国家建設の課題に見合った民族の主体性を求めて、己を本国に同一化していくようになります。

外国人の人権を認めるべきである、差別は許されるべきではないという認識が日本社会において広くいき亘《わた》ったことは事実です。しかし国民国家という枠組みに関しては、疑うこともなく当然視されてきました。これは日本人だけでなく、在日朝鮮人も同じです（文京洙『在日朝鮮人問題の起源』クレイン、二〇〇七年）。

日立闘争を経験し在日朝鮮人として日本社会の中に入り込むことを主張した私は、「同化論者」だとされ在日大韓基督教会青年会の代表をリコールされた経験をもちます。その後、川崎を拠点として地域活動に取り組むのですが、私の視点は、絶えず自分の足元、生きる場にありました。そしてそこでの社会を変革する実践こそが、祖国にもつながり世界と結びつくと考えてきました。

私は三・一一以降、地域に住むひとは民族も国籍も関係なく一緒に災害に遭い、死ぬ、という事実を目撃しました。それからネット上で「民族、国籍を超えて協働し地域社会を変革しよう」と主張したところ、「クソ朝鮮人！　日本から出て行け!!」コールがはじまり、私は三度にわたってグーグルを止められメールも出せない、ブログも書けないという状況に追い込まれました。しかしその中で私の確信は強まり、市民による原発をなくす国際連帯運動の広がりを求め、二〇一三年から原発メーカー訴訟の運動を始めるようになったのです。

国民国家を乗り超えるために

多文化共生は、あくまでも国民国家とその国の「固有の文化」という考え方を前提にしたものです。しかし、ひとは民族・国籍等の属性や性的志向などの嗜好の違いにかかわらず、自分の住む地域においてあるがままの自分を出して生きる権利があるのではないでしょうか。同じ地域に住む外国人の人権を認めず、各人の違いを違いとして受け入れないまま、社会「統合」のために「共生」を看板にするところに、日本社会いや近代の国民国家の根本的な問題があるのです。これは国民国家の宿命或いはアポリアともいうべきものです。そこでは原理的に「われわれ」と「彼ら」の二分法がなされ、国家と民族と文化が一致するという神話の中で国民は生きることになります。

私にとって、在日のアイデンティティの模索の旅は、国籍による差別を前提にする国民国家そのものを超えていく方向に進むしかありませんでした。

おわりに

国民国家の統治原理は植民地主義的である。
（西川長夫「植民地主義の再発見」『植民地主義の時代を生きて』平凡社、二〇一三年、一二九頁）

西川長夫は、国民国家とは何か、植民地主義はいかに支配・差別する側とされる側双方の人間性を蝕んできたのか、このことを己の内面をえぐるように考察を深めてきました。西川にとって、国民国家と植民地主義は社会の矛盾と混乱を直視し、己の内面の苦悩を解き明かすために必要な概念（ツール）であったのでしょう。私もまたそれを自分の問題として追い続けたいと思います。

在日である私たちが、原賠法という原発メーカーを免責する法律があるにもかかわらず、原発メーカーに事故の責任があるということをどうして追及するようになったのでしょうか。それは、国籍を理由に差別が当然視されていた児童手当や年金制度等の問題を、それはその法律がおかしい、国籍を理由に在日を解雇した日立は差別を犯した、それは許せない、と闘ってきた経験に立ち、個の違いを認めず差別を正当化する日本社会のあり方や制度、慣習、地域社会の中の不条理に挑戦してきたからだと思います。

私たちは、３・11の事故にもかかわらず日本と韓国が原発輸出を進めている事態を黙認できず、それを正当化する原賠法の問題点を看過せず、原賠法の背景にある、グローバリズムと戦後の植民地主義としての原発体制の問題点を追究する中で、原発メーカー訴訟を具体化しました。原発メーカー訴訟の原告は、二〇一四年三月一〇日現在、三九か国から四一二八名になりました。私と朴鐘碩は「原発メーカー訴訟の会」の事務局で、最高裁まで続くであろう公判の維持と共に、反核の国際連帯運動に全力を注ぎます。それは、とりもなおさず、地域に住む人たちの国籍や性、障害の有無などの違いをありのまま受け入れず個の人権を蔑ろにしてマジョリティ社会への「適合」(＝同化)を求め、ナショナリズムの鼓舞によってさらなる国民国家の発展、強化を目指す日本社会のあり方を根底から見直すことを意味するでしょう。

国民国家は、国籍による差別を前提にし、原発体制は、ＮＰＴ体制に示される国家間の差別を承認しながら、地方と被曝労働者の搾取や差別の上に成り立っています。原発体制は、敗戦後日本がアメリカの核の傘の下で平和を維持しながら経済発展を遂げ、潜在的核保有国としての野望を持ちながら作り上げたモンスターです。

グローバル化の時代に生れた「多文化共生」は、国民国家の「統合」に寄与し、国内外の差別を内在する原発体制を根底において支えるものであり、決して原発体制に抗ったり、それを内から瓦解させる思想的な質を持つものではなかったのです。川崎での地域活動の経験から、私たちが、多文化共生とは、多様性を大義名分にした、グローバル化が進み外国人が増大する中で国民国家の安定と成長を求めて廉価な労働力を確保するための、国籍による差別を前提にした植民地主義イデオロギーだと考えるようになった所以です。

日本社会は今後どうなるのでしょうか。「原爆／原発体制は、資本と国家の結合が推し進めてしまった末期的な危機であり、植民地主義の末期的な形態」（西川）であるにもかかわらず、政府は、原発は要らないという市民の声に耳を傾けず、相変わらずの経済成長を唱え原発の再稼働と輸出を図っています。今度さらにナショナリズムの喚起に躍起になるでしょう。

私は、自分のアイデンティティ（拠って立つ場所）を既成の民族や国民国家に置かず、将来のあるべき開かれた社会に置こうと決めたのですから、ここから社会のあらゆる「神話」を破り、新たな歴史を切り開くしか道はありません。「戦後史再考」は、自分自身にとって必要不可欠な作業でした。

追記

二〇一九年七月二〇日の『朝日新聞』は、福島県内の原発はすべて廃炉にするという東電の方針を一面で報道し、また国際欄ではドイツの石炭火力発電所の段階的廃止を伝えている。原発メーカー訴訟は、二〇一七年一二月八日に東京高裁で敗訴したが、歴史の流れにおいては一定の役割を果たしたと記憶されるだろう。原発メーカー訴訟を提起した私たちはその後世界に目を向け、日韓反核平和連帯を唱えて東アジアの平和を求める運動を進めている。

終章

この本に収めた拙論は序章と終章を除いて、私が二〇代から書き集めたものです。

第一部の「在日のアイデンティティを求めて」は「個からの出発―在日朝鮮人の立場から―」として一九九四年三月一三日に私のブログで公表しました。朝日新聞と韓国の東亜日報共催の論文募集に応募し、その後、日本朝鮮研究所の「朝鮮研究」でも掲載されました。私にとっては最も思い出深いもので、この拙論で私の生い立ちや、個々の活動の内容、その中で得た私の考え方を書いてきました。

第二部の「新たな船出―事業の世界に」は義父が亡くなり、私が川崎での地域活動に邁進していたときに決断したことで家族からも無謀だと反対されましたが、私は義父がやっていたスクラップ（鉄くず）回収の仕事を継ぎ、その後さまざまなビジネスに関わってきたことを記したものです。

第三部の諸論は川崎での地域活動を通して直面してきた在日の諸問題についてテーマごとに書き記したものです。在日の人権論、参政権の問題、国籍条項撤廃の問題に触れながら、多文化共生の実態を記して独り歩きする多文化共生賛美の危険性を指摘しました。具体的には川崎市の政府見解である「当然の法理」を前提にしてその制度化、構造化をはかった外国人施策の実態と問題点をいくつかの角度から記しています。

そして最後の章は「原発体制と多文化共生についての問題提起」です。問題提起はあくまでも私の「仮説」にもとづく現実批判であり、私が正しいということを主張するものではありません。しかしその問題提起は実際に露わになっている川崎市の外国人施策の問題点の指摘であり、建前やスローガンで終わらせず、現実を直視してよりよい地域社会を目指そうとするものです。私としては一石を投じるというつもりで書きました。

各章の初出は以下の通りです。

・第一章 「「共生の街」川崎を問う」朴鐘碩・上野千鶴子ほか著『日本における多文化共生とは何か』(新曜社 二〇〇八年)。
・第二章「人権の実現について―在日の立場から」斎藤純一編『人権の実現』(講座全5巻「人権論の再定位」、法律文化社 二〇一一年)。
・第三章「外国人の地方参政権について―これは外国人への権利の付与の問題なのか」(「靖国・天皇制問題情報センター」発行のブックレット 二〇一〇年)。
・第四章「原発体制と多文化共生について」西川長夫・大野光明・番匠健一編著『戦後史再考「歴史の裂け目」をとらえる』(平凡社 二〇一四年)。
・コラム「川崎での次の目標―差別をなくす運動が全世界の未来に通じる」ブログ

OCHLOS《オクロス》（２０１６／６／７）

・コラム「「多文化共生」は、現代の植民地主義のイデオロギー」ブログOCHLOS《オクロス》（２０１２／10／９）

読者のみなさんの率直なご批判、ご意見をお待ちしています。正しいとか正しくないという意見はいずれにしても各自の「仮説」のやりとりにしかすぎないと私は考えています。一番重要なことは対話です。対話によってお互いが学びあい、それによってお互いが変わっていくのです。読者の皆さんが私の対話のお相手になっていただければ幸いです。ありがとうございました。

あとがき

アメリカでは黒人青年が白人警察官に殺害されたことに抗議して、全米的にＢＬＭ（Black Lives Matter）「黒人の命は大切だ」と訴える運動が広がりました。私はそのニュースを知り、「在日の命は大切だ」と訴えたいと思いました。「命」は生命であるとともに、人間らしく生きるということです。

私は自分が在日であるとはどういうことかに悩み、どう生きればいいのか考え続けてきました。拙著は大学生の時から七五歳の今に至るまで書きためた原稿に手を入れ編集したものです。私は自分で書いたものを出版するということは考えてもいなかったので、実現されたことに「人の縁」を強く感じます。

この本が出版にいたるまで本当の多くの方々のお世話になりました。故西川長夫さんからは国民国家というものは本質的にどのようなものであるのか、著作だけでなく、個人的なお付き合いの中から多くの示唆をいただきました。国民ということではまさに国民国家のマージナル（周辺部分）に生きる在日の存在を考える視点を教示していただきました。

上野千鶴子さんからは大学院に行くことを考えていた私に、そんなことをしないで自分の本を出しなさいと助言をしていただいたことがずっと頭の片隅に残っていました。解説を執筆してくださった横浜国立大学の加藤千香子さんは、いつも私の傍で激励してくださり、歴史的な視点から物事を深く、多角的にとらえることの重要性を教えてくださったように思います。

そして何よりも私が諦めずにこの本を最後まで書き上げたのは、日韓反核平和連帯の仲間のおかげです。日本側の代表の木村公一牧師、韓国の李承茂代表、金容福博士をはじめとする尊敬する仲間と一緒に活動できたことが何よりも大きな力になりました。この活動を通して韓国人被爆者が多く住む陜川《ハプチョン》を毎年八月に訪れ、フォーラムを開催してきました。韓国人原爆被爆者はアメリカ政府の広島・長崎の原爆投下の責任を問う裁判をアメリカ国内で提訴する準備をしていると聞いています。彼らの今後の闘いに連なり、一緒に全世界的な反核運動に関わっていきたいと願います。

本書の中で記したように、東京都の職員であった鄭香均《チョンヒャンギュン》は管理職の試験を受けようとした時に受験要綱に記されてなかった「当然の法理」によって受験することができず、憲法の職業選択の自由を掲げて知事を提訴しました。高裁で勝利したものの最高裁で敗訴した彼女は記者会見で、日本は「哀れな国」と語り多くの批判を受けるようになりました。

その彼女を招いて名古屋で講演会を主催した女性と鄭香均を偲ぶ会で会ったことがきっかけで、名古屋の風媒社から私に出版の話がもちこまれました。一冊の本を作りあげるのは作者と編集者の共同作業だと聞いてはいましたが、今回、その通りだとつくづくと思い知らされました。編集者の劉永昇さんに心から感謝いたします。

最後に私の妻、曺慶姫《チョウキョンヒ》に、私のようないつもどこかで物議を醸す人間を理解し受けとめ、支えてくれ、一緒に歩んでくれたことに心から感謝をします。この本は二人でつくりあげたものです。本当にありがとう。

二〇二〇年七月六日

崔　勝久

崔さんに学ぶ戦後日本史

加藤千香子

崔勝久さんとの出会いは、二〇〇七年五月のある日の夕方にとった一本の電話からだった。用件は、川崎で「多文化共生」を考える研究集会を開くのでそのことについて意見を聞きたいという内容だった。当時私は、勤務先の横浜国立大学教育人間科学部で「差異と共生」を掲げたプロジェクトを進めており、その年の二月には「多文化共生の現在」というシンポジウムを横浜市の国際会議場で開催していたが、そのことを大学のホームページで知り、連絡先にあった私の研究室に電話をかけた、と言われた。一九七〇年代に日立闘争を闘い、今も川崎で運動をしている在日だという自己紹介があった、と記憶している。

その翌日の夕方、私は同席を頼んだ二人の同僚とともに、研究室に来られた崔さんから長時間にわたってお話を聞くことになった。途中からは、日立戸塚工場での仕事を終えた朴鐘碩さんも合流された。その時の私の記録メモをたどってみると、崔さんの話は本書の第一部と重なるもので、一九七〇年代に当時一九歳だった朴さんが起こした日立就職差別裁判、それを支えた「日立闘争」にはじまるご自身の歩み、運動の経緯についての詳しい説明であったことがわかる。特に、在日朝鮮人が集住している川崎・桜本ではじめた地域活動、その中核となった運動体である青丘社のこと、しかし自分がどうしてそこから離れなければならなくなったのかと続き、現在「多文化共生」を唱え「共生の街」を掲げる川崎市の行政の問題点をきびしく指摘された。

私は、「在日」の活動家を名のる初対面の方のストレートな語りに戸惑いを覚えつつも、その内容に圧倒された。そして、ひたすら耳を傾ける中で、充分呑み込めたといえないまでも、「共生」という聞こえのよい言葉を批判的にとらえ直し再考する、という崔さんの問題意識に揺さぶられるところがあった。在日朝鮮人には、地方公務員になる道が開かれているように見えながら昇給や職務が限定されていること、川崎市長が発した「外国人は二級市民」という発言があまり問題とされないこと、なども初めて聞く話だった。現在の川崎市では、在日も加わる運動体が参画して「共生」が謳われているが、そこで問題が隠蔽されているのではないか、という趣旨は理解できた。そして、三時間以上にわたった対話が終わるころには、七月に川崎で行うという「「共生」を考える研究集会」でのコメンテーターを引き受けることになってしまっていた。その研究集会のメイン発題者が第一線のフェミニスト学者・上野千鶴子と聞いて驚いたが、すでに本人からは賛同・了解を得ているとのことだった。

お二人と別れた後、私は受け取った名刺の「崔勝久」「朴鐘碩」の名前に思い当たり、家に帰るとすぐに研究資料の一冊として手元に置いていた本を開いたが、そこで、一九七四年に刊行されたその本―朴君を囲む会編『民族差別―日立就職差別糾弾』（亜紀書房）―に掲載された座談会の筆頭参加者にその名があるのを確認することになった。まさに、私が研究対象とする歴史的資料の中の登場人物が、三十年の時を超えて現在の自分の眼の前に現われたという事実は衝撃で、感慨を覚えざるをえなかった。

実は私は、ちょうどその時期に『高度経済成長の時代』というシリーズ本に掲載する論稿の執筆にとりかかっていた。豊かな社会の実現として語られる日本の高度成長の時代を〈周辺〉の視点から捉え直す必要があると考え、在日朝鮮人の就職差別やそれへの抗議運動について資料を集めていたところだった。論文の構想はでき原稿の下書きもほぼできているという状態だったが、その後崔さんに見せたところコテンパンに批判され、全面的にもう一度書き直さなければならなくなった。何より肝心な当事者から話を聞かずに、わかったかのように書いて済ませたことは大きな問題であった。この崔さん・朴さんとの偶然の出会いは、歴史研究者を自負していた私に学び直しを迫るものだったと、今あらためて感じている。なお、その時の原稿を全面改訂したものは、「〈周辺〉層と都市社会――川崎のスラム街から」のタイトルで、大門正克他編『高度成長の時代3 成長と冷戦への問い』（大月書店、二〇一一年）に収録されている。

こうして、まったく予想もしなかった崔さんとの出会いから二ヶ月後には「「共生」を考える研究集会」に主催者側に連なり参加することとなった。さらに集会後も参加者の勉強会が続けられる中で、「共生」を考えるための本の出版へと進み、本は、集会から一年後の二〇〇八年七月に、崔勝久・加藤千香子編、朴鐘碩・上野千鶴子他著『日本における多文化共生とは何か――在日の経験から』として、新曜社から刊行された。この時から現在に至るまで、私は崔さんの後を一生懸命追いかけてきたような気がする。

＊　＊　＊

『日本における多文化共生とは何か』の「あとがき」の冒頭には、崔さんの次のような言葉がある。

二〇代のときから私は在日朝鮮人とは何なのか。在日朝鮮人としてどのようにして生きればいいのか、ずっと悩んできました。それから四〇年経ち、還暦を過ぎてからもなお、同じように模索し続けています（前掲書、252頁）。

この文が書かれてからさらに十二年が過ぎて出されることになった本書には、ここで書かれた「在日朝鮮人とは何なのか」「在日朝鮮人としてどのようにして生きればよいのか」—すなわち「在日のアイデンティティ」—の模索のきわめて具体的で個人的なプロセスと、それを通じて崔さん自身が獲得していった思想が余すことなく書かれている。

「在日朝鮮人とは何なのか」「在日朝鮮人としてどのようにして生きればよいのか」という崔さんの問いは、戦後史の中で、「在日朝鮮人」から、日本社会と自分自身に向けて苦悶をともないながら、絶え間なく発せられてきた問いである。敗戦後の日本は、一九五〇年代初期の朝鮮戦争を機に経済復興を成し遂げ、成長に邁進していくが、そうした復興・成長の時代とされる戦後史の裂け目には、この難問に苦しんだ多くの在日朝鮮人が存在する。一九五〇年代に殺人犯として死刑判決を受けた李珍宇、一九六八年の金嬉老、「在日朝鮮人の存在そのものが歴史の非条理だ」という言葉を残して自死を遂げた早大生・梁政明(山村政明)という名前が浮かぶ。そこに、本書で登場する一九七〇年に日立を相手どって一九歳で裁判を起こした朴鐘碩も連なる。

だが、崔さんのユニークさに注目するならば、同時代の在日朝鮮人二世たちの苦悩を自らのものとして背負いながらも、苦悩の末に自他を抹消するのでも、日本ではない別の理想化された寄りどころ(多くの場合は「祖国」)にすがるのでもなく、あえて生活の場で徹底してこの問いに固執することだったといえるだろう。

崔さんが「在日朝鮮人とは何か」に固執するとは、どういうことなのか? 崔さんは、それによって、自らを追いつめるまでのアイデンティティに対する問いを在日に強いる日本社会のあり方を照射していく途を見いだしたのだと思う。そして「在日朝鮮人」という存在自体が、日本社会の反映にほかならないことを見抜いた。李珍宇や金嬉老、梁政明らが、自らをあるいは他者を殺すまでに追いつめられた背景には、内包する植民地主義に無自覚なまま戦後復興を遂げ経済成長を謳歌する日本社会がつくり上げてきた他者としての「在日朝鮮人」に対する排除・差別の構造が存在している。しかも、「日本人」はこの排除・差別の構造に依拠しながら、そのことを意識せずに生きていくことができるという現実がある。その意味で、崔さんのこの問いは、まさにこうした戦後日本社会にこそ向けられなければならないだろう。崔さんが、徹底して「在日朝鮮人」にこだわるということは、自分や同時代の在日朝鮮人たちをとらえている戦後日本社会の排除や差別の構造を見すえ、そこからの解放の道を探ろうとすることにほかならないのである。

一方ここで注意したいのは、崔さんがこだわるのが、「在日朝鮮人」であると同時に「個」でもあったということである。それは、本書のタイトルが「個からの出発」となっていることからも明らかであるが、「在日朝鮮人」に固執する崔さんが「個」という表現を使うというのは、一見矛盾しているようにもみえる。一般的に「在日朝鮮人」とは、「民族」の同一性を根拠として結びつきをもつ集団として見られているかもしれない。だが、崔さんにとっての「在日朝鮮人」とは、そのような本質的で固定された「民族」という概念でとらえられるものではない。それは、植民地主義に由来する差別や排除を温存し続けながら成長に突き進む日本社会の中で、一身にその歪みや抑圧を受けることとなる側と重ねられるものである。そして、崔さんの「個」とは、そうした差別を構造的にはらむ社会の中で、その痛みを感じながらもより人間らしく生きることを求めようとする小さき者の意であるならば、まさにそれは「在日朝鮮人」にほかならない。そこに矛盾はない。ただし、その「個」とは、決して単独で孤立したものではなく、たえずさまざまな人びとに対して働きかけを行ない、人を揺さぶり、そして動かしていく力をもった「個」でもあるということも付け加えておきたい。

＊　＊　＊

本書は三部構成となっている。読者には自由に読んでいただければよいのだが、私が受けとめた内容を中心に、崔さんの「在日のアイデンティティ」の模索、そして「個」の位置から新たな課題に向かった過程について書いておきたい。

第一部は、崔さんのファミリーヒストリーからはじまるが、高校時代の崔さんが本名を名のるようになりながらも、「在日朝鮮人とは一体何者なのか」という疑問にとらわれたことが書かれる。胸を突かれるのは、その疑問が、「朝鮮人である事実をいまわしく思い、その事実をあるがまま受いれられない」という変えようのない自己の属性に対する否定的な思いから来ているということである。これの疑問との格闘を経て、崔さんは「「在日朝鮮人」であると叫ぶ」が、そこには次のような切実な意味があったことがわかる。「同化され差別されてきた者の日本人社会に対する怒りと告発を中心にした、しかし己自身は日本人とも本国の人間とも違うと意識されてきた激情の発露であり、歪められた人間性を取り戻す為の必要不可欠な作業であったのです」。

この「作業」は、一九七一年からの朴鐘碩の就職差別裁判をきっかけとする日立闘争の中でなされることとなった。日立闘争は、「裁判の過程で民族差別の歴史と現実をあきらかにし、日立の民族差別を認定した判決を勝ち取った」もので、在日朝鮮人の権利の進展の例として社会科の教科書に掲載されるほどの歴史的事件である。だが同時に、崔さん自身にとっての意義は、「在日の権利と民族的自覚の獲得ということにとどまらず、人間としてどのような生き方をすればいいのかということを学んだ」ことであったとふり返っている。

日立闘争と同時期の朴正熙政権下の二年間の韓国留学もまた、崔さんの模索の歩みのなかで位置づけられよう。崔さんは、「民族の本物」を求めて「母国」である韓国に留学したのだが、実際に見たものは、植民地支配によって「歪められた民族観」であったと言う。ここではっきりと、自らのアイデンティティを取戻すには、よりどころとなる「本物」を外に求めるのではなく、自らが生きていく場で新たに闘いとっていかなければならないということに気づくことになった。さらに重要と思われるのは、「歪められた民族観」からの解放の希望を、民主化を求めて政府の機動隊と衝突する激しい政治的なデモよりも、スラム街にある教会を拠点に活動する青年たちの活動に見いだしたことである。「抑圧されてきた民衆が主体となるように、地域住民を組織し、住民たち自身の権利を要求する」活動に接したこと。この経験が、日立闘争後における川崎・桜本での地域活動につながり、「地域社会」を基盤とする崔さんの発想となったことは確かである。

だが、次の崔さんの大きな転機は、その桜本での地域活動のなかでもたらされることとなる。崔さんが中心となって構想した地域活動＝「民族差別と闘う砦づくり」は、「朝鮮人であることを忌み嫌い、なんとか現実から逃避したいと思っている同胞」の子供たちが人間らしく育つことを願ったものであった。日立闘争から続く運動体は、民族保育をはじめていた桜本保育園とともに活動を進めたが、その中で崔さんは、運動体の掲げる理念と実際の地域住民の求めるものとのズレに気づくこととなったという。結果的に崔さんは桜本から離れることを選択するのであるが、「保育園のお母さんたちの問題提起」にはその間の経緯が書かれている。ここで、崔さんが、「民族差別と闘う」という運動理念を守るよりも、「ひとりひとりの子どもを見守る」ことを求める「お母さんたちの問題提起」を重視したことに注意したい。崔さんの「個から」という発想は、この経緯を通じてより鮮明になったのではないかと思う。

＊　＊　＊

差別や抑圧に抗し人間の解放をめざしたはずの運動が、運動の高揚が終わった後に、運動体が地域に根づくとともに行政と一体化する中でひとつの権威となり、複雑で多様な住民の要求に目をつむるようになってしまうという問題は、日本において七〇年代に高揚した市民運動・住民運動の多くが八〇年代にたどった道とも一致しているようにみえる。この流れに乗らず、「個」の可能性をおしつぶそうとする「社会の壁」との闘いを続けてきた崔さんの問題提起は、今あらためて受けとめる意味があるのではないだろうか。

それに関する論考をおさめているのが、第三部である。第三部の論考の背景として押さえなければならないのは、「はじめに」でも登場する一九九四年に東京都を相手どって起こされた在日朝鮮人二世の鄭香均さんの裁判である。しばらく川崎での地域活動から離れていた崔さんは、この裁判に接し、外国籍者の公務員の管理職試験受験が「当然の法理」によって阻まれていることを知り、いまだ「在日」の前に大きな壁が立ちふさがっている現実を再認識することになったのである。またさらに、公務員任用にあたって国籍条項が撤廃され、外国籍者にも「門戸開放」がなされたはずの川崎市においても、同様に「当然の法理」による職種・昇進の制限が行われていることに気づいたことで、再び川崎市に対する崔さんの運動がはじまった。

この裁判で鄭さんが問い、崔さんが新たに目をとめた「当然の法理」とは、一九五三年三月二五日に内閣法制局が出した「法の明文の規定が存在するわけではないが、公務員に関する当然の法理として、公権力の行使または国家意思の形成への参画にたずさわる公務員となるためには、日本国籍を必要とするものと解すべきである」という見解である。敗戦後の日本が講和条約後に国民国家の立ち上げをはかっていく際に、旧植民地出身者―朝鮮人・台湾人の日本国籍を剥奪するとともに、「公権力」「国家意思の形成」に連なる場から彼らを排除する意図を示したものにほかならない。

崔さんは、いまだ廃棄されていないこの「当然の法理」こそ、現在の日本社会・地域社会に存在する根深い差別の論理だととらえる。第三部の論考に通底しているのは「当然の法理」の問題化である。崔さんの目指すのは、民族や性などの差異を超え、一人一人があるがままで認められる「開かれた」地域社会をつくっていくことであるが、そこで「当然の法理」そして国民国家の論理との対決は欠かせないものであった。

グローバル化の進展は、現実の日本・地域社会における外国人との共存の課題を浮上させるようになり、行政や民間団体で「(外国人との) 共生」を掲げるさまざま施策が進められるようになった。しかし、その中でも「当然の法理」が示すような「日本国籍」者とそうでない者との線引きは厳然として存在し、後者に対する差別の構造が温存されていく。今日、日本国内の外国人に対する差別の問題は、ヘイトスピーチ禁止の法制化・条例化という形で対処が進んでいるが、崔さんがこだわる差別の根幹にある「当然の法理」の見直しにまで及ぶ議論がまったく見られないことは明らかである。

崔さんの問題提起は、現在、政府や地方行政、そしてそれらとは独自の位置にあるはずの民間団体—かつての運動体の流れを組むものも含めて—があえて目をつぶろうとしている事柄をラディカルに問うものである。今の日本社会を見渡しても、現状を前提にした範囲での提言が大半である中、更にその先を目指すラディカルな言説はまずみられない。

では、崔さんにそれができるのはなぜか。それは、崔さんのこれまでの歩みからも明らかなように、あるがまま生きようとする自分をおしつぶすものの正体を見破ろうとする「個」＝「在日朝鮮人」に徹する思想に由来するのではないだろうか。


（横浜国立大学教育学部教授）

『個からの出発　ある在日の歩み』を読んで

金　容福

在日韓国人・朝鮮人、つまり「在日」の人間解放運動家である崔勝久《チェスング》さんの自伝的物語は東アジアの歴史変革の新しい解釈の地平を提示している。この著書は、二〇世紀、二一世紀東アジアの歴史変革運動の新たな実践的脈絡を物語っているのである。在日解放運動を通じて東アジアの解放の歴史変革の深淵に進入させる崔さんの自叙伝は、この時代の創造的知性の姿を見せてくれている。

私は七〇年代、アメリカのプリンストン神学大学院・プリンス大学院で東アジアの現代知性史を文脈とするキリスト教民衆運動論を研究していた。当時、研究と共に韓国の民主化運動の国際的連帯活動を助けるため日本に滞在し、大学を卒業したばかりの崔さんに出会った。彼は当時、在日運動を支援するため、地域社会・川崎に新たに創設されたＲＡＩＫ《レイク》（Research Action Institute for Koreans in Japan）という運動機関の最初の研究員として活動していた。このご縁が崔さんの在日人権運動を理解するのに、改めて深い感慨をもたらしてくれる。

在日解放運動の主体として崔さんは、本人の歴史的主体性を生命体（生命権）、人間主体（人権）と認識するようになる決定的契機と、七〇年代の朴鐘碩氏に対する差別への生存権をかけた抵抗運動

（「日立闘争」）に参加することを通じて出会うことになる。崔さんの「在日としての自己主体設定」は、日本の資本主義経済の最上位の実体である日立製作所の差別事件に抵抗し、これを克服するための連帯運動から構成され、展開される。ここで崔さんの生命体としての人格体・主体が構成され、在日解放運動が彼の人生を形成することになった。

0．自伝的叙述としての家族共同体の物語

崔さんの家族史と成長史は、在日の歴史的実存を如実に物語っている。彼は、わが民族史の運命的転換期である一九四五年一二月初めに、日本の大阪で生まれた。この時期は政治・社会的に激しい混乱期だっただろう。日本の植民地支配の末期に父親は黄海道《ファンヘド》から満州を経て生き延びる道を求めて日本にやって来た。一方、母親は大邱《テグ》からやはり生き延びるために日本に来た家族の娘だった。崔さんの家族史と彼の成長史は、政治・社会的に様々な試練を乗り越える在日の生存闘争の話である。彼の生命共同体である家族史と成長史は、在日共同体の政治・社会・文化的実状を如実に反映している。この生命伝記は、在日解放運動のライフ・テキスチャー（life texture）を形成する。

要約すると、崔さんの「在日解放運動」は、在日のアイデンティティを追求しながら展開する「在日人間生命体」の自伝的な話だ。ある在日の知性人の実存的人生の生命伝記だ。思想家の思索とは違い、社会科学者の研究とは異なる、ある生命主体の実際の生存闘争の話である。

1．在日の解放と生存闘争の歴史的枠組みを編む

一九四五年一二月初めに日本で生まれた生命主体・崔勝久は、近代の東アジアの熾烈に変化する地政学的な渦の中で「在日」として生活を始める。彼は、（日本の敗戦した）一九四五年という韓日政治史の特異な渦中で結ばれた家庭（家族生命共同体）で生命主体として成長し続ける。

崔さんの家族生命共同体の話は、在日の暮らしの基盤の物語である。その成長過程の記述は、在日としての人生の糸口を深く解きあかしている。この（在日の家族という）生命共同体で成長する在日生命主体の物語は、創造的で力強い主体にならざるを得ない。その中で、幸福で粘り強く、熾烈に成長する話が綴られる。これは固有の生命主体である崔勝久という人格が、在日の生活空間で生まれ、人生の旅程を激しく切り抜けながら、経験し、闘争し、考え、話し合い、学びながら記録した自伝的記録と言えよう。家族共同体と共に、そして同時に日本社会、在日地域共同体や同世代の在日と相互に成長を促しあいながら、彼の人生は続く。

崔さんは在日経済のうえでも、会社の経営者として近代資本主義の底辺と周辺において在日が経験しなければならなかった社会経済活動を粘り強く展開した。またその生涯は家族生命共同体の経営者として展開され、彼の家族―生命共同体が韓・中・日・米の四ヶ国を行き来しながら成り立ち、その形が今日も続いている。彼の生命伝記は、国民国家の近代的枠組みにとらわれず、これを超越して変革する地平の展開であり、国籍と国境によって規定されるものではない。

2. 日本に位置して生を営み、日本社会との関係で自己アイデンティティと主体性を形成

マクロ的には、在日にとって日本の政治史は植民地支配の歴史であり、在日の生命体とは、植民地政治体制とそれが意味するすべてを拒否し、克服することそのものだった。日本の植民地体制とは、単に旧日本帝国の朝鮮半島への植民地支配の歴史にとどまらず、現在の日本の政治構造と慣行、韓国と朝鮮との国際関係、ひいては米国と中国との関係で植民地遺産を保持していると把握される。特に、日本国内では植民地主義に基づく実体としての「国民国家」と、その枠組みの中で現存する政治構造と、国民国家の「当然の法理」として働くすべての政治秩序が植民地遺産の残存と理解される。

さらに日本の国民国家は天皇制という枠組みの中で皇国臣民としての日本国民のアイデンティティが維持されており、在日はこの現実に直面しなければならない。天皇制・植民地体制下で朝鮮が内鮮一体や創氏改名などの同化政策を経験したのと同様に、今でも日本国内でこのような政治的なダイナミクスは作動している。在日に日本の名前を使わせ、日本の教育を受けさせ、文化的に同化させ、政治的に帰化を強要する現実を経験させている。これが現在に横たわる植民地主義の遺産だ。一九五三年のサンフランシスコ条約以後、日本の独立と同時に韓国人・朝鮮人、台湾人などの外国国籍になった在日市民たちは、現在なお帰化日本人や永住権保有の外国人として抑圧や迫害を経験していると述べている。

同時に、過去の東アジアや太平洋、東南アジアにおける日本の植民地事業および統治史・植民地戦争史もいまだ清算されていない。被植民地民族国家と民族の生活においても脱植民地化がなされてい

ない状態にあるという。これは戦後の外交関係でも脱植民地化はなされていない状態であるということだ。このような歴史の現実理解を在日としての崔さんは見破っており、赤裸々にこれをさらけ出している。日本の植民支配体制は、いまだ日本内部でも東アジアでも解体されていないというのが崔さんの歴史認識だ。

このような植民地体制の権力とその遺産は、植民地支配の根幹の政治体制である国民国家権力と法理として、日本社会と日本人にも、そして日本にある在日をはじめとする外国人、そして東アジアにある市民と民族に抑圧的な要因として作用しているということだ。したがって、脱植民地化の歴史的課題は、多次元的かつ包括的に実現されなければならない。

3. 在日解放闘争と在日生命権・人権運動は、このような意味で脱植民地運動の包括的・現在進行型の解放運動である。これが崔さんの在日解放運動の枠組み

［1］崔さんは、個人の人格やアイデンティティ、主体性問題に苦悩した。文化的には日本の教育体制の中で成長し、日本の社会文化の中で日本語を駆使し、日本化された名前を使う問題が最初の苦悩として浮上した。国籍上は日本国民＝日本人ではなく外国人、特に韓国／朝鮮人として成長し、文化的アイデンティティは植民主義文化に同化される現実が悩みであった。このような状況で、韓国語を学び、名前を韓国語で使う民族・文化的アイデンティティを回復する足取りも必要だった。しかし、彼は歴史的アイデンティティの必要性を強く感じる状況で、包括的な脱植民地化の過程が必要だ

と考え、それと同時にチェ・スング個人の主体性の問題も浮上した。韓国／朝鮮における民族的アイデンティティは抗日民族的な意味もあったが、民団や朝鮮総連などの民族団体の表現だけでは、在日のアイデンティティを規定することは不十分であると考えていた。在日のアイデンティティの悩みは、日本社会と朝鮮半島において、過去と現在に存在する植民地の遺産を徹底的に超えなければならない。これは日本の植民地主義的な国体を超え、植民地的な国民国家の枠を越え、その社会・経済的枠組と文化的なしがらみから解放されることであった。

［2］このような在日のアイデンティティと主体性は抽象的な問題ではなく、具体的現実として提起された。まず、アイデンティティと主体性は、いかなる場合であれ、一つの生命体人格として差別を受けない存在でなければならない。このような境地に立たされた時、崔さんは七〇年代の韓国の民主化運動と地域民衆運動から大きなインスピレーションを受けたと思われる。在日のアイデンティティと主体性の問題は、政治理念の見せかけを越え、近代国家の国家主義的「当然の法理」の限界を越え、地域民衆の直接参加による創造的かつ広大な地平を確保する方向に動いたように見えた。

［3］崔さんは、在日の解放闘争の砦を川崎の地域共同体の中に直接参加による基盤を構築し、発展させるすばらしい「生命共同体の実体形成」を成し遂げたようだ。この過程で、近代国家の当然の法理の枠組みの中で実験された「多文化共生」の理論と実践の限界と問題点を見抜き、さらには地方行政で住民と市民の直接参加の政治（POLITY OF DIRECT PARTICIPATION IN OPEN LOCAL GOVERNANCE）のビジョンを提示する。これが結局、国民国家の差別的性格を克服して開かれた地

域共同体を成立するとともに、この過程は国民国家の枠を超え、超国家連帯の地平、すなわち国境を越えた開かれた参加のビジョンを提示している。

4. 崔さんは、二〇一一年に起きた東日本大震災による福島第一原発事故以後、アジア脱原発平和連帯を構築しながら、国籍を超えた市民の直接参加を通じて、地球全体に牙を向く核の呪いや、広島・長崎への原爆投下問題に対する国際的審判を求めながら、原子力(核)産業の中断を求める連帯運動に邁進している。

私は、崔さんの生涯の物語と生命平和運動の知恵が、新しい時代に向けた東アジアの新しい歴史を触媒するものと信じる。

(アジア太平洋生命学研究院院長)

[著者略歴]
崔　勝久（チェ・スング）
1945年大阪生まれ。在日韓国人二世。
大阪市立精華小学校、南中学校、大阪府立高津高校を経て、1972年国際基督教大学（ICU）卒業。1973年、ソウル大学大学院歴史学科入学。1974年、在日大韓基督教会傘下の在日韓国人問題研究所主事に就任。川崎市南部の桜本で民族差別と闘う砦づくりを提起、地域活動をはじめる。1976年、義父の会社を継ぎ、鉄くず回収業に従事。雑貨の輸入販売業、ふとんの販売及びレストラン経営なども営む。
2017年より「日韓反核平和連帯」の事務局長としての活動を開始。2018年には祖国訪問団の一員として朝鮮民主主義人民共和国を訪問。
共著に『日本における多文化共生とは何か―在日の経験から』（朴鐘碩・上野千鶴子・加藤千香子ほか、新曜社）、『戦後史再考―「歴史の裂け目」をとらえる』（西川長夫ほか、平凡社）。

装画・呉 炳学

装幀・澤口 環

個からの出発　ある在日の歩み　地域社会の当事者として

2020年10月1日　第1刷発行　（定価はカバーに表示してあります）

著　者　　崔　勝久

発行者　　山口　章

発行所　名古屋市中区大須 1-16-29　振替 00880-5-5616 電話 052-218-7808　http://www.fubaisha.com/　風媒社

＊印刷・製本／モリモト印刷　乱丁本・落丁本はお取り替えいたします。

ISBN978-4-8331-1138-6